JN447575

인공지능과 가상 화폐

인공지능총서

인공지능 시대입니다. 기계가 인간의 인지를 대신하고, 사물이 인간을 통하지 않고 다른 사물과 직접 커뮤니케이션합니다. 이에 따른 인간 삶과 문명 변화를 정확히 이해 · 예측 · 대응하는 것은 이 시대 우리 모두의 과제입니다. 인공지능총서는 인공지능 기술과 환경의 여러 주제를 10가지 키워드로 정리합니다. 관련 개념과 이론, 학계와 산업계의 쟁점, 우리 일상의 변화를 다룹니다. 인간과 기술의 현재, 미래를 세심히 분석합니다.

일러두기

- 인명, 작품명, 저서명, 개념어 등은 한글과 함께 괄호 안에 해당 국가의 원어를 병기했습니다.
- 외래어 표기는 현행 어문규정의 외래어표기법을 따랐습니다.

처음이세요?

전문가세요?

지금, 큐알 찍으면

🎁 AI 입문서 바로 선물

📚 당신만의 필독서 추천

📖 500권 요약본 공짜

🎧 오디오북 무료 사용

인공지능과 가상 화폐

심양섭

대한민국, 서울, 커뮤니케이션북스, 2025

인공지능과 가상 화폐

지은이 심양섭
펴낸이 박영률

초판 1쇄 펴낸날 2025년 3월 31일

커뮤니케이션북스(주)
출판 등록 2007년 8월 17일 제313-2007-000166호
02880 서울시 성북구 성북로 5-11
전화(02) 7474 001, 팩스(02) 736 5047
commbooks@commbooks.com
www.commbooks.com

이 책은 커뮤니케이션북스(주)가 저작권자와 계약해 발행했습니다.
본사의 서면 허락 없이는 어떠한 형태나 수단으로도
이 책의 내용을 이용할 수 없음을 알려드립니다.

© 심양섭, 2025

ISBN 979-11-7307-653-4 03500

책값은 뒤표지에 표시되어 있습니다.

차례

미래를 설계하는 두 축, 인공지능과 가상 화폐의 융합

AI와 가상 화폐가 주도하는 혁신의 시대

21세기는 우리가 살고, 일하고, 상호 작용하는 방식을 재정의하는 획기적인 혁신으로 특징지어지는 전례 없는 기술 혁신의 시대다. 이 혁명의 선두에는 두 가지 핵심 축이 있다. 인공지능(AI)과 가상 화폐다. 이 두 가지 혁신적인 힘은 기원과 응용 분야는 다르지만 융합되기 시작하여 산업, 경제, 사회를 재편하는 새로운 패러다임을 창출하고 있다. 이 책『인공지능과 가상 화폐』는 상호 작용의 심오한 의미와 그 상호 작용이 인류의 미래에 영향을 미칠 수 있는 잠재력을 탐구하는 것을 목표로 한다.

AI와 가상 화폐의 중요성을 이해하려면 이러한 기술의 역사적 맥락과 빠른 진화를 살펴보는 것이 필수다. 20세기 중반 컴퓨팅과 수학에 뿌리를 둔 AI는 이론적 개념에서 인간 삶의 모든 측면에 적용되는 실용적인 응용 분야로 성장했다. 자연어 처리 및 이미지 인식부터 자율 시스템(autonomous systems) 및 예측 분석에 이르기까지

AI는 더 이상 연구소에만 국한되지 않고 의료, 금융, 운송, 엔터테인먼트와 같은 산업에 침투해 있다.

여기서 자연어 처리(NLP, Natural Language Process)는 컴퓨터가 인간의 언어를 이해, 해석, 상호 작용할 수 있도록 하는 인공지능 분야다. 이는 기계가 텍스트나 음성을 처리하여 번역, 감정 분석 또는 질문 답변과 같은 작업을 수행하는 데 도움이 된다. 예를 들어 자연어 처리는 챗봇, 시리(Siri)와 같은 가상 비서, 심지어 문법 확인 도구까지 지원한다. 인간의 커뮤니케이션과 컴퓨터 이해 사이의 격차를 해소함으로써 자연어 처리는 기술에 대한 접근성과 사용자 친화적인 기능을 제공한다. 시리는 음성 명령을 사용하여 메시지 전송, 알람 설정, 웹 검색과 같은 작업을 도와주는, 애플(Apple)에서 만든 가상 비서다. 아주 똑똑한 사람 도우미처럼 사용자를 이해하고 대화한다.

인공지능 기술의 활용 영역 중에서 자율 시스템(autonomous systems)은 사람의 개입 없이 작업을 수행하거나 의사 결정을 내릴 수 있는 AI 기반 기술을 의미한다. 이러한 시스템은 센서, 데이터 및 알고리듬(algorithms)을 사용하여 환경을 분석하고 변화에 적응하며 목표를 달성한다. 몇 가지 예를 들면, 자율주행 자동차는 도로를 탐색하고 운전 시 필요한 결정을 내린다. 로봇에 의한 프로세스의 자동화는 제조 또는 물류와 같은 산업에서 반복적인 작업을 처리한다. 드론은 배송 또는 감시와 같은 작업을 위해 독립적으로 작동한다.

다음으로 인공지능의 활용 영역 중에서 예측 분석(predictive analytics)은 현재 및 과거 데이터를 분석하여 미래의 결과나 추세를 예측하는 AI 기반 기술을 말한다. 머신러닝(machine learning), 통계, 데이터 마이닝(data mining)과 같은 방법을 사용한다. 몇 가지 예를 들면, 의료 분야에서는 조기 개입을 위한 환자 건강 위험 예측을 한다. 금융 분야에서는 주식 시장 동향 또는 신용 위험 예측을 한다. 소매 분야에서는 더 나은 재고 관리를 위해 고객 구매 패턴을 예측한다. 자율 시스템과 예측 분석은 둘 다 산업 전반에 걸쳐 혁신을 주도하는 AI의 자동화, 최적화 및 예측 능력을 강조한다.

알고리듬은 컴퓨터가 문제를 해결하거나 작업을 완료하기 위해 따르는 단계별 지침 또는 규칙이다. 알고리듬은 레시피처럼 작동하여 컴퓨터가 해야 할 일을 안내한다. 예를 들어 알고리듬은 숫자를 정렬하거나 지도에서 가장 빠른 경로를 찾거나 유튜브(YouTube)에서 동영상을 추천하는 데 도움이 된다. 머신러닝은 컴퓨터가 데이터를 통해 학습하여 명시적으로 프로그래밍하지 않고도 성능을 향상하는 인공지능의 일종이다. 고정된 규칙을 따르는 대신 데이터의 패턴을 분석하고 이를 사용하여 예측이나 결정을 내린다. 예를 들어 앱이 노래를 추천하거나 스팸 이메일을 감지하거나 사진에서 얼굴을 인식하는 데 도움이 된다. 마치 컴퓨터가 스스로 학습하도록 가르치는 것과 같아서 더 많은 데이터와 연습을 통해 더 똑똑해진다! 데이터 마이닝은 데이터 마이닝은 대량의 데이터에서 유용한 패턴, 추세 또는 통찰력을 얻는 과정이다. 마치 더 나은 결정이나 예측을 내리기 위해 정보 더미에 숨겨진 보석을 찾는 것과 같다.

지금까지 AI 기술의 역사와 발전에 대해 간략히 살펴봤는데, 다음으로는 가상 화폐 기술의 역사적 맥락과 빠른 진화를 살펴볼 차례다. 2009년 비트코인(Bitcoin) 도입을 필두로 가상 화폐는 화폐와 금융 시스템에 대한 전통적인 개념에 도전해 왔다. 블록체인(Blockchain) 기술이 주목을 받으면서 가상 화폐는 투기적 자산에서 탈중앙화 및 금융 포용 수단으로 발전했다. 이더리움(Ethereum)의 스마트 계약(smart contracts) 도입으로 블록체인의 잠재적 응용 분야가 더욱 확장되어 탈중앙화 금융(decentralized finance, DeFi) 플랫폼, 대체 불가능한 토큰(non-fungible token, NFT) 등이 탄생할 수 있게 되었다.

비트코인은 은행 없이도 작동하는 디지털 화폐 또는 암호 화폐의 일종이다. 비트코인은 안전하고 투명하게 유지되는 블록체인이라는 기술을 사용하여 온라인에 저장되고 거래된다. 사람들은 비트코인으로 물건을 사고, 비트코인을 송금하거나 투자 수단으로 사용할 수 있다. 일반 화폐와 달리 비트코인은 탈중앙화되어 있어 한 사람이나 정부가 통제하지 않는다. 대신, 비트코인의 시스템은 전 세계의 컴퓨터에서 관리한다. 마치 인터넷을 위한 디지털 현금과 같다.

블록체인은 안전하고 변경할 수 없는 거래 기록을 보관하는 디지털 노트북과 같다. 각 블록이 거래 목록인 블록으로 구성된 체인을 상상해 보자. 블록이 가득 차면 이전 블록에 연결되어 체인을 형성한다. 이 체인은 전 세계의 많은 컴퓨터와 공유되므로 모든 사람이 동일한 사본을 가지고 있다. 블록체인을 특별하게 만드는 것은 보안과 투명성이다. 블록에 정보가 추가되면 변경하거나 지울 수 없다. 또 공유되기 때문에 누구도 블록을 통제하지 않는다. 따라서 해킹이나 속임수를 쓰기가 어렵다. 예를 들어 블록체인은 은행 없이도 누가 무엇을 소유하고 있는지 추적하는 데 도움이 되는 비트코인을 구동한다. 또 배송 추적, 디지털 계약 관리, 안전한 온라인 투표 보장과 같은 다른 용도로도 사용할 수 있다. 블록체인은 누구도 비밀리에 바꿀 수 없기 때문에 모두가 신뢰하는 매우 안전하고 공유된 노트북이라고 생각하면 된다. 더 개방적이고 신뢰할 수 있는 디지털 세계를 향한 큰 발걸음이다,

이더리움은 비트코인의 초강력 버전과 같다. 블록체인을 사용하는 디지털 플랫폼이지만 단순히 송금하는 것 이상의 일을 할 수 있다. 이더리움은 특정 조건이 충족되면 자동으로 작동하는 '스마트 계약'이라는 앱을 만들 수 있다. 이더리움에는 플랫폼 사용료로 사용되는 이더리움이라는 자체 자금이 있다. 예를 들어 게임 제작, 디지털 아트 거래, 대체 불가능한 토큰 거래, 새로운 금융 도구 구축 등에 이더리움을 사용할 수 있다. 아이디어와 돈을 위한 디지털 세계와 같다.

이더리움의 스마트 계약은 규칙이 충족되면 자동으로 실행되는 디지털 계약의 일종이다. 예를 들어 서비스 비용을 지불하면 중개인 없이도 스마트 계약을 이용할 수 있다. 이더리움은 이더리움의 블록체인을 기반으로 하므로 안전하고 아무나 변경할 수 없다. 자판기처럼 생각

하면 된다. 돈을 넣으면 지불한 금액이 자동으로 제공된다. 스마트 계약은 트레이딩, 대출 또는 디지털 아트 거래와 같은 용도로 사용되므로 프로세스가 더 빠르고 신뢰할 수 있다.

탈중앙화 금융 플랫폼은 은행과 비슷하지만 기업이나 정부의 통제를 받지 않고 블록체인에서 실행된다. 스마트 계약을 사용하여 사람들이 은행이나 중개인 없이 직접 돈을 저축, 대출, 거래하거나 이자를 받을 수 있도록 한다. 블록체인은 거래를 추적하기 때문에 모든 것이 개방적이고 안전하다. 예를 들어 컴퓨터나 휴대폰만 사용하여 돈을 빌려주고 이자를 받거나 자산을 거래할 수 있다. 금융이지만 더 독립적이다.

대체 불가능한 토큰(NFT)은 소유권을 증명하는 인증서와 같이 블록체인에 저장된 고유한 디지털 아이템이다. 디지털 아트 거래는 예술에 초점을 맞춘 NFT 거래의 일종이다. NFT는 단순한 예술 이상의 것을 다룰 수 있으므로, 통합 용어로는 'NFT 거래'를 고수하는 것이 좋다. 이렇게 하면 디지털 아트뿐만 아니라 NFT의 모든 용도가 포함된다. 예를 들어 NFT는 그림, 게임 아이템 또는 티켓이 될 수 있다.

이러한 AI와 가상 화폐 기술은 별도의 분야에서 유래

했지만, 서로 연결되는 주요 유사점이나 특징을 가지고 있다. 이러한 공유된 특성으로는 첫째, AI와 가상 화폐 둘 다 데이터에 뿌리를 두고 있다. 둘 다 기능을 발휘하기 위해 데이터에 크게 의존한다. AI는 데이터를 사용하여 학습하고 의사 결정을 내리는 반면, 가상 화폐는 안전한 거래를 위해 블록체인 데이터에 의존한다. 둘째, AI와 가상 화폐는 함께 탈중앙화를 주도한다. AI는 탈중앙화 시스템을 지원할 수 있으며, 가상 화폐는 탈중앙화된 블록체인 네트워크를 기반으로 한다. 셋째, AI와 가상 화폐에서는 알고리듬의 힘이 강화된다. 알고리듬은 학습 및 의사 결정을 위한 AI와 블록체인 운영을 위한 가상 화폐의 핵심이다. 이러한 유사점이나 특징은 두 기술이 어떻게 일치하는지 보여 주며, 혁신과 혁신에 미치는 영향을 더욱 강력하게 만든다. 이러한 AI와 가상 화폐 기술은 수십 년 전에는 상상할 수 없었던 혁신의 기회를 창출하고 전통적인 시스템을 혁신할 수 있는 잠재력을 함께 보유하고 있다.

AI와 가상 화폐 융합의 시너지

AI와 가상 화폐의 융합은 혁신적인 의미를 지닌 강력한 시너지를 발휘한다. AI는 데이터 처리, 사기 탐지 및 스마트 계약 실행을 최적화하여 블록체인 네트워크의 효율성과 확장성을 향상한다. 가상 화폐는 AI 애플리케이션을 위한 탈중앙화되고 안전한 인프라를 제공하여 데이터 무결성이 가장 중요한 시스템의 신뢰와 투명성을 강화한다.

바꿔 말하면, 블록체인 기술에 의존하는 가상 화폐가 신뢰, 보안, 데이터 처리 투명성과 같은 중요한 문제를 해결함으로써 AI 애플리케이션을 위한 신뢰할 수 있는 기반을 제공한다는 것이다. 먼저 탈중앙화된 인프라가 어떤 의미를 지니는지를 살펴보면, 가상 화폐의 근간인 블록체인은 탈중앙화되어 있어 어느 한 조직이나 기관이 통제하거나 관리하지 않는다. 따라서 AI에 사용되는 데이터의 무결성을 보장하는 데 매우 중요한 조작이나 변조에 대한 저항력이 높아진다. 다음으로 보안의 측면을 살펴보면, 블록체인 기술은 데이터를 안전하게 기록하고 검증한다. 이를 통해 AI 애플리케이션은 데이터가 변경되거나 손상되지 않았기 때문에 처리하는 데이터를 신뢰할 수 있다. 신뢰성을 향상하는 차원에서도 블록체인 원장(blockchain ledger)은 모든 참여자에게 투명하고 모든 참여자가 접근하기 쉽기 때문에 사용자가 직접 데이터를 확인할 수 있는 시스템을 구축할 수 있다. 이를 통해 AI 기반 결정의 공정성과 정확성에 대한 신뢰를 구축할 수 있다. 투명성의 차원에서도 모든 거래 또는 데이터 입력은 블록체인에 기록되며 검증(audit)할 수 있다. AI 시스템은 대량의 데이터에 의존하기 때문에 책임감과 정보의 윤리적 사용이 보장된다.

AI와 가상 화폐의 융합이 불러일으키는 이러한 시너지는 산업 전반에 걸친 실용적인 응용 분야로 확대된다. 의료, 금융 또는 거버넌스와 같이 데이터의 정확성과 신뢰성이 필요한 시스템에서 특히 중요하다. 블록체인은 탈중앙화되고 안전한 특성으로 인해 신뢰할 수 있는 시스템을 만드는 데 AI의 이상적인 파트너가 될 수 있다. 금융 분야에서는 AI 기반 거래 알고리듬과 블록체인 기반 금융 시스템이 협력하여 투자 기회에 대한 접근성을 민주화한다. 공급망 관리에서는 블록체인이 상품의 추적 가능성을 보장하는 동시에 AI는 수요를 예측하고 물류를 최적화한다. 의료 분야에서도 AI 기반 진단과 블록체인 보안 환자 데이터의 결합은 맞춤형 의료의 미래를 예고한다.

또 AI와 가상 화폐의 융합은 사회 변화에 대한 새로운 가능성을 열어 준다. 탈중앙화 자율 조직(Decentralized Autonomous Organization, DAO)과 AI 기반 거버넌스 모델은 계층 구조에 도전하고 좀 더 공평한 의사 결정 과정을 가능하게 할 것으로 전망된다. 이러한 발전은 금융 민주화를 위한 길을 열어 소외된 지역사회의 개인이 기존 중개자에 의존하지 않고도 글로벌 금융 네트워크에 액세스할 수 있도록 지원한다.

여기서 첫째, 탈중앙화 자율 조직은 좀 더 쉬운 말로 "분권형 자율 조직"이라고도 할 수 있는데, 이는 사람이나 중앙화된 당국이 아닌 블록체인에서 스마트 계약으로 인코딩된 규칙에 의해 관리되는 조직이다. 이 조직의 특징은 우선 탈중앙화다. 탈중앙화 자율 조직 혹은 분권형 자율 조직은 한 사람이나 그룹에 의해 통제되지 않는다. 대신 조직에 대한 지분을 나타내는 토큰을 보유한 회원이 집단적으로 결정한다. 다음의 특징은 자율이다. 분권형 자율 조직은 스마트 계약에 코딩된 사전 설정된 규칙에 따라 자동으로 작동한다. 예를 들어 회원이 프로젝트에 자금을 지원하기 위해 투표하는 경우 스마트 계약은 사람의 개입 없이도 지불(payment)을 실행한다. 분권형 자율 조직의 또 다른 특징은 블록체인을 기반으로 하고 있다는 것이다. 투표 또는 펀딩과 같은 모든 활동은 블록체인에 기록되어 투명성과 보안을 보장한다. 분권형 자율 조직을 통해 전 세계 사람들은 전통적인 리더나 중개인 없이 공정하게 리소스를 협업하고 관리할 수 있다. 예를 들어 크라우드펀딩(crowdfunding), 공유 리소스 관리 또는 민주적이고 탈중앙화된 방식으로 비즈니스를 운영하는 데도 분권형 자율 조직을 사용할 수 있다. 크라우드펀딩은 사람들이 온라인에서 많은 사람들로부터 소액의 기부금을 받아 프로젝트나 아이디어를 위한 자금을 모으는 것이다. 이는 마치 중요한 자금을 마련하기 위해 그야말로 다수의 사람들에게 도움을 요청하는 것과 같다.

둘째, AI 기반 거버넌스 모델은 인공지능을 사용하여 데이터를 분석하고 결과를 예측하며 의사 결정을 내리거나 추천하는 의사 결정 및 관리 시스템을 의미한다. 구체적으로는 AI를 의사 결정 도우미로 활용하는 것이다. 이러한 AI 기반 거버넌스 모델은 인간 리더나 위원회에만 의존하는 대신 AI를 사용하여 대량의 정보를 빠르고 공정하게 처리하여 거버넌스 결정을 안내한다. 또 어떤 결정을 할 때 데이터를 바탕으로 결정하는 것을 의미한다. AI는 데이터를 사용하여 정책을 제안하거나 집행함으로써, 개인적 편견이 아닌 사실과 패턴에 따라 결정을 내릴 수 있도록 한다. 그뿐만 아니라 AI 기반 거버넌스 모델은 효율성 및 투명성을 담보한다. AI는 반복적인 작업을 자동화하고, 미래의 과제를 예측하며, 의사 결정에 대한 투명한 추론을 제공함으로써, 거버넌스를 더 빠르고 책임감 있게 만들 수 있다.

예를 들어 분권형 자율 조직의 AI 기반 거버넌스 모델은 사전 정의된 기준과 실시간 데이터를 기반으로 자원을 할당하거나 규칙을 설정하거나 분쟁을 자동으로 해결할 수 있다. 이로써 의사 결정이 더 공평하고 효율적이며 인간의 오류나 선호도의 영향을 덜 받는 시스템을 만들어 내기 때문에, 위계질서를 중심으로 한 기존의 의사 결정 구조는 도전을 받지 않을 수 없다. 위계질서를 중심으로 하는 전통적인 의사 결정 구조는 권력과 의사 결정이 최고 수준에 집중되어 있고 질서와 결정이 아래로 흐르는 조직 시스템을 말한다. 이러한 구조하에서는 경영진이나 관리자와 같이 상위에 있는 소수의 개인이나 그룹이 주요 결정을 내리는 반면, 하위 계층은 상급자들의 지시를 따른다. 전통적 의사 결정 구조에서는 중앙 집중식 통제가 이뤄진다. 의사 결정과 자원 할당은 중앙 기관에 의해 통제되며, 종종 하위 수준의 참여나 의견 수렴이 제한된다. 그러한 전통적 의사 결정 구조하에서는 커뮤니케이션과 의사 결정이 상위 계층의 사람에게서 하위 계층의 사람에게로 이동하는 하향식(Top-Down) 접근 방식으로 이뤄지며, 하위 개인의 의견은 거의 수렴하지 않는다. 반면, 분권형 자율 조직과 AI 기반 거버넌스 모델은 모든 사람이 목소리를 내고 의사 결정이 더 협력적이고 공평한 탈중앙화된 참여형 의사 결정을 가능하게 함으로써, 전통적 의사 결정 구조를 변화시켜 가게 된다.

AI와 가상 화폐 융합의 당면 과제

AI와 가상 화폐는 엄청난 잠재력에도 불구하고 완전한 혜택을 실현하기 위해 해결해야 할 중요한 과제도 안고 있다. AI 알고리듬이 편견, 개인정보 보호, 책임(accountability)에 대한 우려를 불러일으키면서 윤리적 딜레마가 두드러지고 있다. 여기서 '책임'은 AI 시스템이 내린 결과와 결정과 관련된 책임과 투명성을 의미한다.

우선 AI 시스템이 유해하거나 편향된 결정을 내리는 경우 개발자, 사용자 또는 시스템을 배포하는 조직 중 누가 책임을 져야 하는가의 문제다. 다음으로 AI 시스템이 내린 결정은 명확하고 이해할 수 있는가 하는 투명성의 문제가 제기되는데, 이는 공정성과 신뢰를 보장하기 위해 매우 중요하다. 그리고 AI가 도덕적 지침 내에서 작동하는지 확인하고 그 행동이 특정하고 책임감 있는 출처에 기인할 수 있는지 확인하는 윤리적 기준도 필요하다.

본질적으로 '책임'은 AI 시스템과 AI 시스템을 만들거나 사용하는 사람들이 개인과 사회에 미치는 영향에 대해 책임을 지도록 보장하는 것이다.

AI 시스템과 비슷하게 가상 화폐도 커다란 기회를 제공하는 반면에 자금 세탁, 사기, 전통적인 금융 체계를 불안하게 하는 등의 위험을 초래한다. 여기서 가상 화폐가 제공하는 기회는 전술했듯이 첫째, 재정적 독립성이다. 사람들은 기존 은행이나 금융 기관에 의존하지 않고도 돈을 보내고, 받고, 보관할 수 있다. 둘째, 소외 계층을 위한 접근성이다. 가상 화폐는 기존 은행 시스템에 접근할 수 없는 사람들이 글로벌 경제에 참여할 수 있도록 지원한다. 셋째, 탈중앙화다. 중개자를 제거함으로써 사용자는 금융 거래와 자산에 대해 더 많은 통제권을 갖게 된다. 그러나 이러한 이점에도 불구하고 가상 화폐는 위험도 수반한다. 가상 화폐는 거래가 익명인 경우가 많아서 불법 자금을 추적하기 어렵기 때문에 자금 세탁에 사용될 수 있다. 가상 화폐에는 사기 위험도 따르는데, 가짜 투자 계획이나 해킹과 같은 사기로 인해 사람들이 자금을 잃는 위험이다. 또 가상 화폐는 은행을 우회하기 때문에 정부와 기관이 경제에 대해 갖는 통제력을 줄임으로써 전통적인 금융 시스템을 방해해, 잘 규제되고 있는 금융 체계에 혼선을 초래할 수 있다. 이러한 위험에 대해서는 엄격한 감독이 필요하다.

이처럼 AI와 가상 화폐 기술이 교차하면서 규제 문제는 더욱 첨예해지며, 이 규제 문제의 해법을 찾기 위해 정책 입안자들은 거버넌스, 규정 준수 및 보안 문제와 씨름하게 된다. 혁신을 촉진하는 것과 소비자를 보호하는 것 사이에서 어떻게 균형을 맞출 수 있을까? 국가 주권을 존중하면서 글로벌 협력을 장려하는 프레임워크는 어떻게 만들 수 있을까? 이러한 것들은 이 책에서 탐구하고자 하는 중요한 문제들로서, 그러한 문제를 하나씩 다뤄 나갈 때 독자들은 AI와 가상 화폐 기술이 초래할 미래에 대한 포괄적인 이해를 할 수 있게 될 것이다.

이 책은 본론의 열 개 장에서 AI와 가상 화폐의 역사적 진화, 현재 응용 분야, 미래 전망에 대해 살펴본다. AI와 가상 화폐의 융합이 산업, 경제, 사회를 어떻게 바꾸어 가고 있는지 분석하고 이 교차점에서 발생하는 중요한 질문에 답할 것이다. 이 여정을 시작하면서 기술이 인간 발전(human progress)의 촉매제 역할을 하는 미래, 즉 AI와 가상 화폐가 손잡고 더 공평하고 지속 가능한 세상을 구축하는 미래를 독자 여러분은 내다볼 수 있을 것이다. 이 책은 독자 여러분과 함께 가능성을 모색하고, AI

와 가상 화폐의 힘을 활용하여 인류 모두에게 이익이 되는 미래를 위한 길을 열어 나가는 데에 이바지하려고 한다.

참고문헌

Bathula, A., et. al.(2024). Blockchain, Artificial Intelligence, and Healthcare: The Tripod of Future—a Narrative Review. *Artificial Intelligence Review*, 57, 238.

Bhumichai. D., et al.(2024). The Convergence of Artificial Intelligence and Blockchain: The State of Play and the Potential. *Information*, 15, 1-32.

Charles, V., et al.(2023). A Critical Analysis of the Integration of Blockchain and Artificial Intelligence. *Annals of Operations Research*, 327, 7-47.

Colyer, F., et al.(2023.10.19). The Convergence of AI and Digital Assets: A New Dawn for Financial Infrastructure, https://aws.amazon.com/blogs/database/the-convergence-of-ai-and-digital-assets-a-new-dawn-for-financial-infrastructure/

Tsolakis, N., et al.(2023). Artificial Intelligence and Blockchain Implementation in Supply Chains: A Pathway to Modern Logistics. *Annals of Operations Research*, 327, 157-210.

01
가상 화폐의 탄생

블록체인의 암호화 기술은 보안을 강화하고 중개자의 필요성을 제거하여 금융 시스템에 혁신을 가져왔다. 비트코인은 이러한 블록체인 기술을 기반으로 중앙 기관에 대한 의존을 줄이고 개인 간의 직접 거래를 가능하게 하였다. 이후 탈중앙화 금융(DeFi)은 스마트 계약을 통해 기존 금융 서비스를 자동화하고 투명성을 높이며, 금융 서비스의 민주화를 촉진하고 있다. 그러나 스마트 계약의 취약점이나 거래소 해킹 등 보안 문제와 규제상의 도전 과제도 여전히 존재한다.

AI와 1인 창업?

가상 화폐의 기술 기반과 철학

블록체인은 일련의 디지털 '블록'으로 작동하며, 각각 이전 블록과 암호화 방식으로(cryptographically) 연결된 거래 기록을 포함하여 변경할 수 없는 체인을 형성한다. 이러한 구조는 보안을 강화하고 변조 위험을 줄일 뿐만 아니라 은행이나 정부와 같은 중개자가 필요하지 않다. 이러한 블록체인의 기본 속성은 돈에 대한 인식과 금융 시스템에 대한 신뢰를 근본적으로 변화시킨 최초의 가장 저명한 암호 화폐인 비트코인의 길을 열었다.

블록체인의 맥락에서 '암호화(cryptography)'라고 할 때, 무결성과 기밀성을 두 가지 다 보장하는 방식으로 데이터를 보호, 검증 및 연결하기 위해 암호화 기술을 사용하는 것을 말한다. 간단히 말해, 암호화는 공인된 당사자나 정해진 과정을 통해서만 정보를 읽거나 확인할 수 있도록 정보를 인코딩하고 보호하는 과학이다. 암호화를 하게 되면, 은행과 같은 제3자인 중개자가 아닌 수학적 증명을 통해 시스템에 대한 신뢰를 확립할 수 있다. 암호화는 데이터가 블록체인에 추가되면 네트워크의 합의 없이는 소급하여 변경할 수 없도록 보장한다. 요컨대 블록체인에서 '암호화'는 고급 암호화 방법을 사용하여 체인의 데이터와 구조를 보호하고 상호 연결하여 시스템의 모든 참가자에게 무결성, 투명성 및 보안을 보장하는 것을 의미한다.

블록체인이 변조의 위험을 줄이는 원리는 이렇다. 블록체인 시스템에서 각 블록은 고유한 해시(블록의 데이터에서 파생된 디지털 지문)를 통해 다음 블록에 암호화 방식으로 연결되므로, 누군가 블록을 변경하면 해시 값이 변경된다. 새 해시는 이후 블록에 저장된 해시와 더 이상 일치하지 않으므로 네트워크에 변조가 분명해진다. 블록체인 네트워크에서는 참여자 대다수가 데이터의 유효성에 동의해야 한다. 블록의 해시가 체인과 일치하지 않으면 네트워크에서 유효하지 않은 것으로 거부된다. 블록체인은 불변 원장으로 설계되었기 때문에 블록을 변경하려면 해당 블록과 그 이후의 모든 블록에 대한 해시를 다시 계산해야 한다. 이러한 계산 노력은 매우 까다롭기 때문에 웬만해서는 감지될 수밖에 없다. 따라서 블록체인 시스템에서는 당사자가 상호 신뢰에 의존하거나, 은행이나 정부와 같은 중앙 기관에 의존하여, 거래를 확인하거나 보장할 필요 없이 서로 직접 거래할 수 있음을 의미한다.

거듭 말하자면, 블록체인 시스템에서는 중개자가 필요 없다. 거래는 당사자 간에 직접 이루어지며, 블록체인은 공정하고 투명한 원장 역할을 한다. 무엇보다도 암호화 방법은 데이터가 안전하고 변경되지 않도록 보장하므로 참가자는 상대방에 대한 신뢰보다는 기술 자체에 의존할 수 있다.

비트코인의 출현

2008년 사토시 나카모토(가명)가 저술한 중요한 백서를 통해 소개된 비트코인은 글로벌 금융 위기에 대한 직접적인 대응책으로 등장했다. 금융 붕괴는 중앙 집중식 기관에 대한 과도한 의존과 투명성 부족을 특징으로 하는 전통적인 은행 시스템의 취약성과 체계적 실패를 강조했다. 비트코인의 창시는 금융 거래에서 중개자를 제거하여 개인에게 힘을 실어 주려는 탈중앙화 철학에 뿌리를 두고 있다.

중앙은행이 통제하는 법정 화폐와 달리 비트코인은 작업 증명(proof-of-work)과 같은 합의 메커니즘을 통해 거래를 검증하는 P2P(peer-to-peer) 네트워크에서 운영된다. 이러한 탈중앙화를 통해 중앙 당국이 거래를 중재하거나 검증할 필요가 없어져 사용자에게 힘과 통제권을 효과적으로 재분배할 수 있게 되었다. 또 비트코인은 2100만 개의 코인에 대한 고정 공급 한도를 설정하여 임

의로 부풀리거나 가치를 평가절하할 수 없도록 함으로써 디지털 희소성이라는 혁명적인 개념을 도입했다. 이러한 희소성은 법정 화폐와는 극명한 대조를 이룬다. 왜냐하면 법정 화폐는 무제한으로 인쇄할 수 있기 때문에, 종종 인플레이션과 경제 불안정성으로 이어진다.

작업 증명은 비트코인과 같은 일부 블록체인이 네트워크를 보호하고 거래를 검증하는 데 사용하는 체계다. 매우 어려운 수학 퍼즐을 풀기 위해서는 컴퓨터[마이너(miners)라고 함]가 필요하다. 퍼즐을 푸는 첫 단계는 블록체인에 새로운 거래 블록을 추가하고 보상을 얻는 것이다. 이 과정을 통해 블록을 추가하는 것이 어렵고 비용이 많이 들기 때문에 엄청난 컴퓨팅 성능 없이는 블록체인을 속이거나 조작하는 것이 거의 불가능하다. P2P(피어투피어) 네트워크는 중앙 서버 없이 컴퓨터(피어라고 함)가 서로 직접 연결하여 정보나 자원을 공유하는 체계다. 각 피어는 발신자와 수신자 역할을 모두 수행할 수 있어 네트워크가 탈중앙화되고 탄력적으로 운영된다.

탈중앙화 금융 개념의 등장

비트코인의 기반 위에서 블록체인 기술을 통해 기존 금융 서비스를 복제하고 확장하는 것을 목표로 하는 탈중앙화 금융(decentralized finance, DeFi)의 개념이 등장했다. 탈중앙화 금융은 중앙 중개자 없이 운영되고, 프로그래밍이 가능하고 자동화된 스마트 계약에 의해 통제되는 새로운 금융 생태계를 조성함으로써, 패러다임의 변화를 초래했다. 블록체인에 직접 인코딩된 이러한 스마트 계약은 미리 정의된 조건이 충족되면 계약이 자동으로 실행되는 상호 작용을 가능하게 한다.

탈중앙화 금융의 핵심 원칙은 네 가지다. 첫째, 투명성이다. 탈중앙 금융에서는 모든 거래가 공개되고 투명한 블록체인에 기록되므로 누구나 볼 수 있다. 이처럼 공개된 접근을 통해 누구나 활동을 검사하고 확인할 수 있도록 함으로써, 부패나 숨겨진 관행을 줄일 수 있다. 모든 참가자가 금융 운영을 볼 수 있도록 함으로써 시스템에 대한 신뢰를 구축한다. 둘째, 중개자가 필요하지 않다. 탈중앙화 금융은 스마트 계약을 기반으로 운영되며, 사전 설정된 규칙에 따라 자동으로 거래를 처리하는 코드를 자체 실행한다. 따라서 시스템이 사람의 개입이 아닌 코드를 통해 공정성과 신뢰성을 보장하기 때문에 은행이나 브로커 없이 거래가 가능하다. 셋째, 거래가 자유롭다. 탈중앙화 금융 시스템은 탈중앙화되어 있으므로 정부나 은행과 같은 단일 기관이 이를 통제하지 않는다. 따라서 누구도 거래를 차단, 변경 또는 제한하지 못하기 때문에, 이용자가 간섭이나 배제에 대한 두려움 없이 시스템과 상호 작용할 수 있는 자유를 얻을 수 있다. 넷째, 접근성이 뛰어나다. 인터넷에 연결되어 있고 디지털 지갑이 있는 사람이라면 누구나 위치, 소득 또는 상태에 관계 없이 탈중앙 금융 플랫폼을 사용할 수 있다. 문지기나 신분증이나 신용 조회와 같은 요구 사항이 없기 때문에 전 세계 수십억 명의 사람들이 금융 서비스를 이용할 수 있다.

탈중앙화 금융 애플리케이션은 대출 및 차입 플랫폼, 탈중앙화 거래소(DEX, Decentralized Exchange), 수익률 농업 프로토콜, 보험 상품 등의 영역을 포괄하여 빠르게 확장되고 있다. 대출 및 차입 플랫폼에서 사용자는 디파이를 통해 중개자 없이도 다른 사람에게 자산을 빌려주고 이자를 받거나 자산을 담보로 대출받을 수 있다. 스마트 계약은 이 과정을 자동화하여 투명성과 효율성을 보장한다. 이러한 플랫폼은 종종 기존 은행보다 더 나은 요금을 제공하며 인터넷을 이용할 수 있는 모든 사람이 접속할 수 있다.

탈중앙화 거래소를 사용하면 중앙화된 권한 없이도 사용자가 서로 직접 암호 화폐를 거래할 수 있다. 스마트 계약을 사용하여 P2P 거래를 촉진하고 투명성을 보장하며 자금을 보관할 필요가 없어 사용자가 자산을 완전히 통제할 수 있다.

수익률 파밍 프로토콜(Yield Farming Protocols)에서 '파밍(Farming)'은 암호 화폐를 탈중앙화 금융 플랫폼에 제공하거나 '심어서' 보상을 받는 것을 의미한다. 여기에는 일반적으로 트레이딩이나 대출과 같은 플랫폼 운영을 지원하는 데 사용되는 유동성 풀에 자산을 예치하는 것이 포함된다. 그 대가로 이자나 추가 토큰과 같은 보상을 '수확'하게 된다. '파밍'이라는 용어는 시간이 지남에 따라 자원(암호 화폐)을 투입하고 혜택(보상)을 받는 행위를 상징한다.

탈중앙화 금융 보험은 스마트 계약 버그나 해킹과 같은 위험을 회피할 수 있다. 요컨대 탈중앙화 금융의 영역이 확대되는 이러한 혁신은 특히 전통적으로 은행권에서 제외된 인구의 금융 서비스 접근을 민주화한다.

순탄하지 않았던 가상 화폐의 여정

그러나 가상 화폐의 여정에 어려움이 없었던 것은 아니다. 블록체인에서 거래 절차와 과정을 자동화하는 스마트 계약은 코드에 취약점이 있을 수 있다. 이러한 약점을 악용하면 무단 거래나 자금 도난이 발생할 수 있다. 예를 들어 2016년 탈중앙화 자율 조직(Decentralized Autonomous Organization, DAO) 해킹으로 인해 6000만 달러 상당의 이더리움이 손실되었다.

DAO는 분권형 자율 조직을 의미한다. 중앙 권한이나 관리가 필요 없이 블록체인의 스마트 계약에 인코딩된 규칙에 따라 운영되는 조직이다. DAO 구성원은 종종 투표를 통해 집단적으로 결정을 내리며, 규칙은 블록체인 기술을 통해 자동으로 시행된다. 2016년 DAO 해킹은 해커들이 이더리움 블록체인의 'The DAO'라는 프로젝트에서 사용하는 스마트 계약에서 약점을 발견하면서 발생했다. DAO는 프로젝트를 위한 크라우드펀딩 시스템과 같았다. 해커들은 이 코드를 악용하여 6000만 달러 상당의 화폐(Ether)를 빼냈다. 이로 인해 이더리움에 큰 문제가 발생했고, 블록체인이 이더리움(ETH)과 이더리움 클래식(ETC)으로 분리되는 사태가 발생했다. 이 사건은 스마트 계약에서 보안 코딩이 얼마나 중요한지 보여 주었다. 스마트 계약 버그는 스마트 계약 코드의 실수 또는 결함이다. 스마트 계약은 자동으로 돈이나 자산을 처리하기 때문에 버그로 인해 잘못된 사람에게 돈을 보내거나 해커가 자금을 훔치도록 허용하는 등의 오류가 발생할 수 있다. 이러한 버그는 코드가 신중하게 작성되거나 검증되지 않은 경우 발생한다. 사용자가 탈중앙화 보험 풀에 보험료를 납부하면, 스마트 계약은 자동으로 보험금 청구를 처리한다. 이렇게 하면 중개자가 제거되어 보험 적용에 대한 접근성과 투명성이 높아진다.

그런가 하면 사용자가 디지털 자산을 거래하고 보관하는 암호 화폐 거래소는 해커의 주요 표적이다. 2014년 세간의 이목을 끄는 해킹으로 인해 마운트곡스(Mt. Gox)에 수십억 달러의 손실이 발생하고 투자자의 신뢰가 흔들렸다. 2014년 마운트곡스 침해 사건은 비트코인 거래소에 큰 문제였다. 마운트곡스는 사람들이 비트코인을 저장하고 거래하는 비트코인 은행과 같았다. 해커들이 침입하여 수억 달러 상당의 엄청난 양의 비트코인을 훔쳤다. 이로 인해 거래소가 폐쇄되었고 많은 사람들이 돈을 잃었다. 이는 당시 암호 화폐 거래소가 얼마나 위험하고 안전하지 않은지 보여 주었다.

비트코인은 초기 단계에서 화폐나 투자로서의 실용성에 대해 상당한 회의에 직면했다. 비평가들은 가격 불안정성, 대량의 거래를 처리할 수 있는 용량의 제한, 일상적인 결제에 사용할 수 있는 실용성에 대한 우려를 제기했다. 에너지 집약적인 채굴 과정에 의존하는 비트코인과 같은 블록체인 네트워크의 환경적 영향에 대한 우려도 제기되었다. 또 각국 정부가 이 새로운 자산군을 정의하고 감독하는 방법에 대해 고심하면서 규제 문제가 발생했다. 불법 활동, 조세 회피, 불충분한 소비자 보호에 대한 우려로 인해 암호 화폐를 전통적인 금융 시스템에 통합하려는 노력이 더욱 복잡해졌다.

참고문헌

ethereum(n.d.). Decentralized Finance(DeFi) Overview. https://ethereum.org/en/defi/

Nakamoto, S.(2008.10.31.). Bitcoin: A Peer-to-Peer Electronic Cash System, https://nakamotoinstitute.org/library/bitcoin/

Sharma, R.(2024). What Is Decentralized Finance (DeFi) and How Does It Work?, https://www.investopedia.com/decentralized-finance-defi-5113835

02
AI와 블록체인의 융합

AI와 블록체인의 융합은 금융 분야에서 보안과 투명성을 강화하며, 효율성 증대, 사기 감소, 투명성 향상 등의 혁신적 설루션을 제공한다. 블록체인은 변경 불가능한 거래 기록을 통해 높은 보안을 제공하고, AI는 예측 분석과 자동화를 통해 금융 운영을 최적화한다. 이러한 통합은 스마트 계약의 자동화를 통해 중개자 의존도를 줄이며, 사기 탐지 및 위험 관리에 기여한다. 그러나 계산 비용, 데이터 프라이버시, 표준화된 프로토콜의 필요성 등 도전 과제도 존재한다.

AI와 MBTI?

AI와 블록체인이 초래한 변혁의 시대

블록체인 기술과 AI의 융합은 금융 부문에 보안과 투명성의 새로운 시대를 열며 혁신적인 영향력을 행사하고 있다. 이러한 융합은 기존 금융 시스템이 직면한 주요 과제를 효과적으로 해결하고 효율성을 높이고 사기를 줄이며 투명성을 강화하는 독창적인 설루션(solution)을 제시한다. 탈중앙화되고 변조 방지된 원장으로 기능하는 블록체인은 금융 거래의 패러다임 전환을 가져왔다.

변경할 수 없는 거래 기록을 수립하는 능력은 일단 데이터가 기록되면 수정이 불가능하도록 보장하여 비교할 수 없는 수준의 보안을 제공한다. 이러한 고유한 보안 속성은 블록체인을 사이버 위협 및 사기 행위로부터 금융 시스템을 강화하기 위한 최적의 선택으로 자리매김하게 할 수 있다. 반면 AI는 예측 분석, 머신러닝, 자동화를 금융 운영의 최전선에 기여한다. 금융에 AI를 통합하면 실시간 데이터 분석, 위험 평가, 의사 결정이 가능해 거래 과정을 최적화하고 전반적인 효율성을 높일 수 있다. 블록체인과 결합하면 AI는 금융 데이터의 정확성과 신뢰성을 높여 더욱 안전하고 투명한 생태계를 조성한다. 이러한 금융 통합의 중추적인 측면은 고객 파악 및 자금 세탁 방지 절차를 간소화하는 것이다. 블록체인의 분산형 특성은 고객 데이터의 안전한 저장을 촉진하여 신원 도용의 위험을 완화하며, AI 알고리듬은 광범위한 데이터 세트를 능숙하게 분석하여 의심스러운 활동을 찾아내고 표시한다. 이는 보안을 강화할 뿐만 아니라 규제 요구 사항을 준수하도록 보장한다.

블록체인의 특징인 스마트 계약은 계약 합의를 자동화하고 시행하여 중개자에 대한 의존도를 줄이고 인적 오류 가능성을 최소화한다. AI 알고리듬은 이러한 계약에 원활하게 통합되어 진화하는 시장 상황에 대한 적응성과 대응성을 향상하고 금융 프로세스를 더욱 개선할 수 있다. 블록체인이 제공하는 투명성은 모든 이해관계자가 단일 버전의 진실에 접근할 수 있도록 보장하여 금융 거래에 대한 신뢰를 강화한다. 또 사기 탐지 및 위험 관리에 AI를 통합하면 잠재적 위협에 대한 사전 식별이 강화되어 금융 기관과 고객을 보호할 수 있다. 금융 기관이 이러한 통합을 더욱 광범위하게 채택함에 따라 업계는 현재의 과제를 해결할 뿐만 아니라 혁신적이고 효율적인 금융 시스템을 만들기 위한 새로운 가능성을 열어주는 변혁의 시대에 접근하고 있다.

AI가 블록체인을 개선하는 세 가지 사례

AI와 블록체인 기술이 통합되면 특정한 과제를 해결하거나 더 나은 결과를 얻거나 새로운 기회를 창출할 수 있다. 두 기술의 결합 잠재력은 다양한 분야에서 나타난다. 먼저 AI가 블록체인을 향상하는 가장 중요한 분야 중 하나는 스마트 계약 최적화다. 스마트 계약은 미리 정의된 조건에 따라 계약의 이행 과정을 자동화하는 자체 실행 계약이다. 중개자가 필요하지는 않지만 경직되고 결정론적인 특성으로 인해 유연성과 적응력이 제한될 수 있다.

AI는 스마트 계약에 동적인 데이터 기반 의사 결정을 도입하여 이러한 한계를 해결한다. 예를 들어 AI 알고리듬은 방대한 데이터 세트(data set)를 분석하여 계약 조건을 실시간으로 조정하여 효율성과 대응성을 개선할 수 있다. 실질적인 예로 탈중앙화 금융(decentralized finance, DeFi)에서 AI는 시장 상황, 사용자 행동 및 위험 요소를 기반으로 대출 및 차입 플랫폼의 이자율을 최적화하여 모든 참가자에게 더 정확하고 공정한 결과를 보장할 수 있다. 데이터 세트는 분석, 연구 또는 AI 교육에 사용되는 표나 목록과 같은 관련 데이터의 모음이다. 데이터 세트는 무언가에 대한 행(예시)과 열(특징 또는 세부 정보)로 구성된다.

다음으로 보안 강화 측면에서 AI와 블록체인의 통합은 점점 더 정교해지는 사이버 위협에 대한 강력한 방어 메커니즘을 만든다. AI는 패턴과 이상 징후를 감지하는 데 탁월하여 블록체인 네트워크 내에서 발생할 수 있는 잠재적 보안 침해를 식별하고 완화하는 데 매우 효과적이다. 예를 들어 AI는 거래 패턴을 분석하여 잠재적인 사기 또는 해킹 시도와 같은 비정상적인 활동을 실시간으로 감지할 수 있다. 블록체인의 불변하고 탈중앙화된 특성으로 인해 이상 징후가 표시되고 해결되면 데이터의 무결성이 그대로 유지된다. 예를 들어, 블록체인 데이터에 불일치 또는 이상 징후가 나타나면 이를 강조 표시하거나 검토 및 조치를 요청하는 신호를 보내 데이터의 무결성을 손상하지 않으면서 문제를 발견하고 해결할 수 있다. 또 AI 기반 사기 탐지 시스템을 사용하여 암호 화폐 거래소(Cryptocurrency Exchanges)와 지갑 서비스(Wallet Services)의 보안을 강화하여 사용자에게 추가 수준의 보안을 제공할 수 있다. 이러한 AI 시스템은 암호화 또는 인증과 같은 표준 보안 조치 외에도 의심스러운 활동을 식별하고 방지하기 위해 거래와 사용자 행동을 적극적으로 분석하여 사용자와 자산을 보호하기 위한 사전 보호 기능을 추가한다.

여기서 암호 화폐 거래소는 사람들이 암호 화폐(예: 비트코인, 이더리움)를 다른 디지털 통화 또는 미화(美貨) 같은 전통 화폐로 구매, 판매 또는 거래할 수 있는 온라인 플랫폼이다. 지갑(월릿) 서비스는 사용자가 암호 화폐를 안전하게 저장, 관리 및 전송할 수 있는 디지털 도구 또는 앱(apps)이다. 월릿은 소프트웨어 기반(앱 또는 웹 플랫폼) 또는 하드웨어 장치로, 사용자에게 암호 화폐 자산에 접근할 수 있는 개인 키를 제공할 수 있다.

그다음으로 AI와 블록체인의 융합은 탈중앙화 시스템 내에서 신뢰를 구축하는 데에도 중요한 역할을 한다. 블록체인의 투명하고 불변하는 특성은 본질적으로 참가자가 독립적으로 데이터를 검증할 수 있도록 함으로써 신뢰를 구축한다. 그러나 AI는 블록체인의 데이터를 분석하고 검증하여 정확성과 신뢰성에 대한 추가적인 확신을 제공함으로써 한 걸음 더 나아갈 수 있다. 예를 들어 공급망 관리에서 블록체인은 상품의 움직임을 추적할 수 있으며, AI는 데이터의 진위를 확인하고 잠재적인 병목 현상이나 위험을 예측할 수 있다. 이러한 기술은 이해관계자 간의 신뢰를 높일 뿐만 아니라 운영 효율성을 향상하는 총체적인 설루션을 제공한다.

이 외에도 AI와 블록체인 융합은 의료, 에너지, 거버넌스 등 다양한 분야에서 혁신을 주도하고 있다. 의료 분야에서는 블록체인이 의료 기록의 보안과 개인정보 보호를 보장하는 반면, AI는 이러한 기록을 분석하여 개인화된 치료 권장 사항을 제공한다. 에너지 분야에서는 블록체인이 재생 에너지 크레딧을 투명하게 추적할 수 있도록 지원하는 반면, AI는 에너지 분배 및 소비 패턴을 최적화한다.

AI와 블록체인의 융합은 조직, 기관 또는 정부가 의사 결정을 내리고, 정책 및 운영을 관리하고 감독하는 데도 활용된다. 특히 블록체인과 AI가 투명성, 보안, 사기 방지를 보장함으로써 선거와 같은 민주적 절차의 무결성과 공정성을 개선하는 데에 기여할 수 있다. 블록체인은 투표 시스템의 무결성을 보장하고, AI가 부정행위를 감지 및 방지하여, 좀 더 투명하고 공정한 선거를 위한 길을 열어 준다.

상호보완하는 AI와 블록체인

블록체인과 AI 기반 패러다임의 도입이 빛의 속도로 진행되고 있다는 점은 부인할 수 없다. 두 패러다임 다 시장에 새로운 것을 제공하지만 각각의 참신함과 복잡성의 정도는 다르다. 디지털 화폐 시대에 블록체인은 개인 데이터, 정보 및 로그(logs)의 안전하고 분산된 교환을 허용하기 위해 반복 결제를 자율적으로 처리할 수 있다. 여기서 '로그'는 블록체인에 저장된 작업에 대한 안전하고 변하지 않는 기록을 의미한다.

AI와 블록체인은 현재 가장 많이 언급되는 기술 중 두 가지다. 분산되고 안전하며 신뢰할 수 있는 시스템을 사용하는 블록체인 기술은 비트코인 결제를 자동화하고 사용자에게 기록, 거래 및 데이터의 공유 원장에 대한 접근을 제공할 수 있다. 블록체인은 스마트 계약을 사용하여 중앙 기관 없이 사용자 상호 작용을 규제할 수도 있다.

AI는 블록체인을 보완한다. 안전하고 탈중앙화되었으며 자동화된 거래를 가능하게 하는 데 초점을 맞춘 블록체인과 달리, AI는 기계의 지능과 의사 결정 능력을 향상해 다른 목적을 제공한다. AI는 로봇이나 소프트웨어 시스템과 같은 기계에 데이터를 분석하고, 패턴을 인식하고, 논리, 알고리듬 및 학습을 기반으로 의사 결정을 내릴 수 있는 능력을 부여한다. 기본적으로 AI는 기계가 다양한 시나리오에서 지능적으로 행동할 수 있도록 해준다. AI 시스템은 인간의 추론, 문제 해결 및 의사 결정 능력을 모방하거나 인간의 능력과 비슷한 수준까지 실행한다. 이는 AI가 모든 측면에서 인간 지능과 완전히 동일하다는 의미는 아니지만 상황 이해, 예측, 문제 해결 등 인지 능력이 필요한 작업을 수행할 수 있다는 의미다.

요컨대 블록체인은 안전한 거래와 데이터 관리에 중점을 두고 있지만, AI는 기계에 지능형 기능을 추가하여 기계가 결정을 내리고 일반적으로 인간의 판단이 필요한 복잡한 작업을 수행할 수 있도록 함으로써 이를 보완한다. 예를 들어 탈중앙화 시스템에서는 블록체인이 안전한 데이터 저장을 처리할 수 있고, AI는 해당 데이터를 분석하여 추세를 예측하거나 프로세스를 최적화할 수 있다.

AI와 블록체인 통합의 도전 과제

AI와 블록체인 통합의 엄청난 잠재력에도 불구하고 여전히 도전 과제가 남아 있다. 블록체인 네트워크에서 AI 알고리듬을 실행하는 데 드는 계산 비용, 데이터 프라이버시 문제, 표준화된 프로토콜의 필요성과 같은 문제는 상당한 장애물을 발생시킨다.

또 두 기술이 빠르게 발전함에 따라 호환성을 유지하고 탈중앙화 프레임워크 내에서 윤리적 AI 배포를 보장하는 것이 중요한 고려 사항이 된다. 그러나 지속적인 연구 개발 노력은 이러한 과제를 적극적으로 해결하여 더 광범위한 채택과 혁신의 길을 열어 주고 있다.

지금까지 AI와 블록체인이 결합할 때 신뢰와 효율성을 재정의함으로써 산업을 어떻게 변화시킬 수 있는지에 대해 포괄적으로 살펴보았다. 또 잠재적 이점, 실제 적용, 광범위한 구현을 위해 극복해야 할 장애물 등 이러한 융합의 다양한 측면에 대해서도 인식할 수 있었다. 이 두 획기적인 기술의 시너지 잠재력을 조망함으로써, 이 두 기술의 통합이 어떻게 더 안전하고 효율적이며 탈중앙화된 미래를 위한 새로운 가능성을 열어 줄 수 있는지 볼 수 있게 되었다.

참고문헌

Bhumichai. D., et al.(2024). The Convergence of Artificial Intelligence and Blockchain: The State of Play and the Potential. *Information*, 15, 1-32.

Hamed, T.(2022). Blockchain Technology and Artificial Intelligence Together: A Critical Review and Future Directions. *Applied Sciences*, 12, 12948. https://doi.org/10.3390/app122412948

Rane, N., et al.(2023). Blockchain and Artificial Intelligence (AI) Integration for Revolutionizing Security and Trust in

Decentralized Systems.
http://dx.doi.org/10.2139/ssrn.4644253

03
가상 화폐 투자와 챗GPT 활용

챗GPT는 복잡한 암호 화폐 개념을 쉽게 설명하고, 투자 전략 수립과 위험 관리에 도움을 주는 가상 비서로 활용될 수 있다. 이를 통해 투자자는 시장 분석, 뉴스 요약, 거래 팁 제공 등 다양한 지원을 받을 수 있다. 그러나 챗GPT는 실시간 데이터 접근이 제한되고, 감정적 이해 부족 등의 한계가 있으며, 챗GPT에 대한 과도한 의존은 투자자의 판단력을 저하할 수 있다. 따라서 챗GPT를 보조 도구로 활용하되, 개인의 연구와 판단이 병행되어야 한다.

AI와 난임 극복?

암호 화폐 및 챗GPT 이해

챗GPT(ChatGPT)는 복잡한 개념을 단순화하고 실행 가능한 통찰력을 제공함으로써 보다 스마트하고 접근하기 쉬운 암호 화폐 투자의 문을 열어 준다. 챗GPT는 사람처럼 질문을 이해하고 질문에 답할 수 있는 컴퓨터 프로그램이다. 인공지능을 사용하여 대화를 나누고 아이디어를 설명하며 글쓰기, 학습 또는 문제 해결과 같은 작업을 돕는다. 질문을 입력하거나 도움을 요청하면 챗GPT가 명확하고 도움이 되는 답변을 제공한다. 마치 학교 공부부터 프로젝트 계획에 이르기까지 다양한 영역에서 작업할 수 있는 매우 똑똑한 비서처럼 복잡한 주제를 더 쉽게 이해할 수 있도록 도와준다.

AI 언어 모델인 챗GPT는 암호 화폐 투자자를 위한 가상 비서 역할을 할 수 있다. 대량의 데이터를 처리하고 통찰력을 생성하며 일반 언어로 질문에 답변한다. 이로 인해 챗GPT는 시장을 이해하고, 전략을 수립하고, 위험을 관리하려는 투자자에게 귀중한 도구가 된다.

암호 화폐는 비트코인(Bitcoin), 이더리움(Ethereum) 등과 같은 디지털 자산을 말하며 블록체인이라는 탈중앙화한 네트워크에서 작동한다. 이더리움은 암호 화폐의 일종이자 블록체인 기술을 사용하여 앱을 만드는 플랫폼이다. 사람들이 자신만의 프로그램을 만들고 실행할 수 있는 거대하고 안전한 시스템이라고 상상하면 된다. 이더리움의 화폐는 이더(Ether, ETH)라고 불리며, 플랫폼에서 사용할 수 있는 디지털 화폐와 비슷하다.

이더리움을 특별하게 만드는 것은 스마트 계약이다. 이는 조건이 충족되면 자동으로 작업을 수행하는 디지털 계약의 일종이다. 예를 들어 스마트 계약은 중개인이 필요 없이 누군가 작업을 완료하면 돈을 보낼 수 있다. 사람들은 게임, 앱, 심지어 새로운 암호 화폐를 만드는 등 다양한 용도로 이더리움을 사용한다. 이더리움은 탈중앙화되어 있어 단일 기업이나 정부가 통제하지 않으므로 모든 사람이 사용할 수 있고 투명하다. 요컨대, 이더리움은 암호 화폐이자 모든 종류의 유용하고 창의적인 앱을 구축할 수 있는 플랫폼으로, 단순한 디지털 화폐 그 이상의 가치를 지니고 있다.

스마트 컨트랙트(smart contracts), 즉 스마트 계약은 비트코인과 이더리움 둘 다에 존재하지만 기능이 매우 다르며, 이더리움에서는 스마트 계약이 핵심 기능으로서 훨씬 더 중시된다. 비트코인은 간단한 스마트 계약을 지원하지만 기능이 제한된다. 비트코인의 스마트 계약은 보안과 단순성을 유지하기 위해 의도적으로 기능을 제한한 기본 스마트 계약(Basic Smart Contracts)이다. 비트코인의 주요 목표는 탈중앙화한 디지털 통화 역할을 하는 것이므로 스마트 계약은 핵심 기능이 아니다. 그에 비해 이더리움은 '애플리케이션' 구축을 위한 플랫폼으로, 스마트 계약이 생태계를 강화하는 기본 원칙이다. 여기서 '애플리케이션'이란 쉽게 말해 응용 프로그램이다. 예를 들면 첫째, 암호 화폐의 대출, 차입 또는 거래와 같은 금융 서비스를 위한 앱이다. 둘째, 플레이어가 게임 내 자산을 토큰 또는 대체 불가능한 토큰(non-fungible token, NFT)으로 소유하는 블록체인 기반 게임을 들 수 있다. 셋째, 중앙 기관에 의존하지 않고 안전하게 신원을 확인하는 디지털 신원 확인 앱이다. 넷째, NFT와 같은 자산을 구매, 판매 또는 거래하기 위한 플랫폼으로서 마켓플레이스다.

암호 화폐의 혁신성과 예측 불가능성

전통적인 화폐와 달리 암호 화폐는 정부나 중앙 당국에 의해 통제되지 않으므로 혁신성과 함께 예측 불가능성을 그 특징으로 지닌다. 여기서 예측 불가능성이란 특히 전통적인 화폐에 비해 암호 화폐의 가치와 행동과 관련된 높은 변동성과 불확실성을 의미한다. 미국 달러나 유로화 같은 전통 화폐는 정부 및 중앙은행과 같은 중앙 당국의 규제와 지원을 받기 때문에 상대적으로 안정적인 가치를 지니고 있다. 이러한 기관은 갑작스러운 변동을 최소화하기 위해 통화 공급, 금리 및 경제 정책을 관리한다. 그에 비해 암호 화폐의 가치는 몇 시간 또는 몇 분 내에 급격히 변할 수 있다.

이러한 예측 불가능성은 암호 화폐가 어떤 중앙 기관의 통제도, 영향도 받지 않기 때문에 발생한다. 암호 화폐는 시장 심리에 민감하다. 즉, 뉴스, 투기, 소셜 미디어는 암호 화폐의 급격한 가격 변동을 일으킬 수 있다. 각국의 암호 화폐 금지 또는 허용에 대한 발표도 암호 화폐의 갑작스러운 가치 변동을 유발할 수 있다. 기술 발달로 발생하는 암호 화폐 네트워크의 혁신이나 이슈도 암호 화폐에 대한 인식이나 암호 화폐의 가치에 영향을 미칠 수 있다.

요컨대, 예측 불가능성은 탈중앙화된 특성과 다양한 요인에 대한 민감성으로 인해 암호 화폐 가격과 시장 행동을 예측하기 어렵다는 것을 뜻한다. 바꿔 말하면, 암호 화폐에 투자하는 것은 수익 창출을 목표로 이러한 자산을 구매, 판매 또는 보유하는 것을 포함하지만, 이 시장은 종종 변동성이 크고 글로벌 뉴스, 규정, 기술 발전과 같은 요인에 의해 영향을 받는다.

챗GPT가 시장 분석을 돕는 방법

암호 화폐 투자에서 가장 중요한 측면 중 하나는 시장을 이해하는 것이다. 챗GPT는 과거 가격, 거래량, 뉴스 헤드라인 등 다양한 소스의 데이터를 분석하여 현재 추세에 대한 명확한 그림을 제공할 수 있다.

예를 들어 챗GPT는 암호 화폐 시장의 추세를 식별한다. 즉, 어떤 암호 화폐가 상승하거나 하락하는지 강조하고 이러한 움직임이 가능한 이유를 설명할 수 있다. 다음으로 챗GPT는 뉴스를 요약한다. 투자자들은 종종 시장에 영향을 미치는 뉴스를 따라잡는 데 어려움을 겪는다. 챗GPT는 규정 변경이나 기술 업데이트와 같은 주요 뉴스 이벤트를 요약하고 해당 이벤트가 특정 암호 화폐에 어떤 영향을 미칠 수 있는지 설명할 수 있다. 그리고 챗GPT는 투자자의 시장 예측을 돕는다. 미래를 예측하지는 않지만 시장 변화에 영향을 미칠 수 있는 패턴이나 요인을 식별하여 투자자가 가능한 시나리오를 더 잘 이해할 수 있도록 도와준다.

투자 전략 수립 및 리스크 관리 지원

개인 목표에 맞는 투자 전략을 수립하는 것은 챗GPT가 지원할 수 있는 또 다른 방법이다. 암호 화폐 시장은 예측 불가능성이 그 특징이며, 위험 관리가 매우 중요하다. 챗GPT는 투자자들의 위험 관리를 도울 수 있다.

우선 챗GPT는 다양한 암호 화폐와 관련된 위험을 설명하여 사용자가 위험 허용 범위에 맞는 자산을 선택할 수 있도록 돕는다. 다음으로 챗GPT는 위험을 줄이기 위해 여러 암호 화폐에 자금을 분산시켜 투자를 다각화하는 방법을 투자자에게 제안할 수 있다. 과거 추세와 시장 상황을 기반으로 거래의 진입점(entry points)과 청산점(exit points)에 대한 조언을 제공할 수 있다. 예를 들어, 초보 투자자는 챗GPT에 "비트코인 투자를 어떻게 시작하나요?"라고 물을 수 있다. 챗GPT는 안전한 지갑을 설정하는 방법, 신뢰할 수 있는 거래소를 선택하는 방법, 사용자의 재정적 목표에 따라 투자할 금액을 결정하는 방법을 포함한 단계별 가이드를 제공한다.

챗GPT는 시장 변화를 모니터링해 줄 수 있다. 갑작스러운 가격 변동이나 시장 정서 변화에 대한 경고를 투자자에게 보낼 수 있다. 또 챗GPT는 비트코인 가격 하락이 투자자의 포트폴리오에 어떤 영향을 미칠 수 있는지와 같은 '가상' 시나리오를 시뮬레이션할 수 있다. 그뿐만 아니라 사기 또는 피싱 시도를 식별하는 방법을 제공함으로써 투자자가 자산을 보호하도록 돕는다.

챗GPT의 기술적 한계와 함정

챗GPT는 강력한 도구이지만 몇 가지 제한 사항이 있다. 금융 시장에서 챗GPT와 같은 AI 도구를 사용하면 윤리적 질문이 제기될 수도 있다.

챗GPT는 시장 데이터에 실시간으로 접속할 수 없으므로 실시간 업데이트를 못 한다. 챗GPT의 통찰력은 과거 또는 정적 정보를 기반으로 한다. 감정적 이해가 부족한 것도 챗GPT의 한계다. 종종 시장에 영향을 미치는 인간의 감정이나 비합리적인 행동을 설명할 수 없다. 챗GPT의 예측력도 제한적이다. 챗GPT는 패턴을 분석할 수 있지만 미래 시장 움직임을 확실하게 예측할 수는 없다.

윤리적 우려로는 데이터의 편향, AI에 대한 과도한 의존, 개인정보 보호 문제를 들 수 있다. 챗GPT가 편향되거나 불완전한 데이터에 의존하는 경우 권장 사항이 투자자를 오도할 수 있다. 일부 투자자는 AI 도구에 지나치게 의존하고 자신의 연구나 판단을 무시할 수 있다. 챗

GPT가 완전한 데이터 개인정보 보호를 보장하지 않을 수 있으므로, 사용자는 민감한 금융 정보를 챗GPT와 공유하지 않도록 해야 한다.

물론 초보자를 위해 챗GPT는 암호 화폐에 대해 배울 수 있는 간단한 방법을 제공하여 기본 사항을 안내하고 일반적인 실수를 피할 수 있도록 도와준다. 숙련된 투자자는 전략을 개선하고 추가 통찰력을 얻기 위한 보충 도구로서 챗GPT를 활용할 수 있다. 그러나 투자자는 챗GPT를 자신의 비판적 사고를 대체하는 것이 아니라 유용한 보조자로 보아야 한다. 암호 화폐 시장은 예측할 수 없으며 AI 등 어떤 도구도 성공을 보장할 수 없다. 사용자 자신의 철저한 연구 및 신중한 계획을 챗GPT의 통찰력과 결합하는 것이야말로 흥미롭지만 위험한 암호 화폐 시장을 탐색하는 데 핵심이다.

참고문헌

Goodness, U. C.(2023.7.11). The Top 5 AI-Based Crypto Tools You Can Use Right Now.
https://www.makeuseof.com/top-ai-based-crypto-tools/

How To Use ChatGPT for Crypto Research.
https://coinmarketcap.com/academy/article/how-to-use-chatgpt-for-crypto-research

Yan, H.(2023.7.5). 5 Effective Ways To Use ChatGPT for Crypto Research.
https://www.coingecko.com/learn/chatgpt-for-crypto-research

04
가상 화폐 시장의 변화와 AI의 역할

암호 화폐 생태계가 점점 더 복잡해지고 불안정해짐에 따라 AI 기반 도구와 알고리듬은 이러한 역동적인 환경을 탐색하는 데에 없어서는 안 될 요소임이 입증되었다. AI는 비정상적인 거래 패턴을 탐지하고, 블록체인 활동을 분석하며, 피싱 예방과 규제 준수를 지원하여 보안을 강화한다. 이 장에서는 가상 화폐 시장에 대한 AI의 다각적인 영향을 분석하고 더 현명한 의사 결정, 보안 강화 및 더 효율적인 위험 완화를 위한 AI의 기여를 살펴본다.

AI와 사주?

AI가 거래 전략을 혁신하다

AI는 가상 화폐 시장을 재편하는 데 혁신적인 역할을 하고 있으며 거래 전략, 사기 탐지 및 위험 관리 분야에서 상당한 발전을 주도하고 있다. 비트코인, 이더리움 및 기타 암호 화폐와 같은 가상 화폐의 변동성은 매력적이면서도 도전적인 투자 자산이 된다. AI 기반 알고리듬은 대규모 데이터 세트를 실시간으로 분석하는 데 탁월하여 거래자가 데이터 기반 결정을 내릴 수 있도록 지원한다.

AI가 거래 전략을 재구성하는 주요 방법은 네 가지다. 첫째, 시장 분석 및 예측이다. AI 알고리듬은 과거 가격 추세, 거래량 및 시장 정서를 분석하여 미래 가격 변동에 대한 예측을 생성한다. 예를 들어, 머신러닝 모델(machine learning models)은 인간 거래자가 놓칠 수 있는 패턴을 식별하여 최적의 매수 또는 매도 시점에 대한 통찰력을 제공할 수 있다.

둘째, 고주파 거래(High-Frequency Trading, HFT)다. AI는 사소한 가격 변동을 활용하여 몇 초 내에 수천 건의 거래를 실행하는 고주파 거래 시스템을 지원한다. 이러한 시스템은 고급 알고리듬을 사용하여 차익 거래 기회를 감지하고 인간보다 더 빠르게 거래를 실행한다.

고주파 거래는 AI로 구동되는 컴퓨터 프로그램을 사용하여 암호 화폐나 주식과 같은 자산을 매우 빠르게 사고파는 방법이다. 이러한 프로그램은 단 몇 초 만에 수천 건의 거래를 성사시켜 수익을 창출할 수 있다. 고주파 거래는 시장 간 가격 차이와 같은 기회를 발견하고 이를 활용하기 위해 빠르게 거래를 하는 등 사람보다 빠르게 작동한다. 마치 초고속 로봇 트레이더가 쉬지 않고 일하는 것과 같다.

셋째, 감정 분석이다. AI는 소셜 미디어 게시물, 뉴스 기사 및 공개 포럼을 분석하여 시장 감정을 측정하고 거래자에게 시장의 심리적 상태에 대한 귀중한 맥락을 제공할 수 있다. 예를 들어 특정 암호 화폐에 대한 긍정적이거나 부정적인 감정을 감지하면 투자 결정에 영향을 미칠 수 있다.

넷째, 맞춤형 포트폴리오 전략이다. AI 도구는 투자자의 목표, 위험 허용 범위 및 시장 상황에 맞는 맞춤형 거래 전략을 생성하여 포트폴리오 성과를 최적화할 수 있다.

AI 강화 사기 탐지

사기 및 보안 위험은 가상 화폐 시장에서 지속적인 문제다. 피싱 사기부터 지갑 해킹까지, 악의적인 행위자는 지속적으로 취약점을 악용한다. AI는 사기 행위를 식별하고 예방하는 강력한 도구로 부상했다.

먼저 AI는 이상을 탐지한다. AI 모델은 갑작스러운 대규모 전송이나 무단 접속 시도 등 거래의 비정상적인 패턴을 탐지하는 데 능숙하다. 이러한 이상 현상은 잠재적인 사기 또는 보안 위반을 나타내는 경우가 많다. 다음으로 AI는 블록체인을 분석한다. AI 도구는 블록체인 활동을 분석하여 의심스러운 지갑 주소를 추적하거나 자금 세탁 계획을 나타내는 패턴을 표시할 수 있다. 이를 통해 거래소와 규제 기관은 사전 조치를 취할 수 있다.

그다음으로 AI는 피싱을 예방한다. 자연어 처리(Natural Language Process, NLP) 알고리듬은 이메일이나 메시지의 내용을 분석하여 피싱 시도를 식별하고 사용자가 사기를 당하기 전에 경고한다. 마지막으로 AI는 규제를 준수한다. AI 시스템은 신원을 확인하고 불법 활동에 대한 거래를 모니터링함으로써 거래소가 고객 파악(Know Your Customer, KYC) 및 자금 세탁 방지(Anti-Money Laundering, AML) 규정을 준수하도록 돕는다.

여기서 고객 식별은 은행, 기업 또는 암호 화폐 플랫폼에서 신분증, 주소 또는 기타 세부 정보를 요청하여 사용자가 누구인지 확인하는 절차다. 이를 통해 다른 사람인 척하는 사람이 아닌 실제 사람임을 확인할 수 있다. 고객 식별은 사용자가 신뢰할 수 있는지 확인하여 사기를 방지하고 물건을 안전하게 보관하는 데 사용된다. 자금 세탁 방지는 범죄로 만든 돈과 같은 불법 자금을 사용하지 못하도록 막는 것이다. 기업과 은행은 거래를 감시하여 더러운 돈을 합법처럼 보이게 숨기거나 '세탁'하는 등 의심스러운 활동을 발견하고 차단한다. 자금 세탁 방지 규정은 금융 시스템을 안전하고 정직하게 유지한다.

AI 지원 리스크 관리

예측할 수 없는 암호 화폐의 세계에서는 효과적인 위험 관리가 필수다. AI는 실시간 통찰력과 예측 기능을 제공하여 이 영역에 기여한다.

우선 AI는 포트폴리오 위험을 평가한다. AI는 시장 변동성, 거래 내역 및 외부 이벤트와 같은 요소를 기반으로 특정 암호 화폐 보유와 관련된 위험을 평가한다. 이를 통해 투자자는 노출을 최소화하도록 포트폴리오를 조정할 수 있다. 다음으로 AI는 시나리오를 분석한다. AI 도구는 갑작스러운 가격 폭락이나 규제 변화와 같은 잠재적인 시나리오를 시뮬레이션하여, 이러한 이벤트가 보유 자산에 어떤 영향을 미칠 수 있는지 투자자가 이해하도록 돕는다.

그다음으로 AI는 동적 헤징(Dynamic Hedging)을 한다. AI 알고리듬은 동적 헤징 전략을 가능하게 하여 트레이더가 자동으로 투자를 조정함으로써 불리한 시장 움직임으로부터 자신의 포지션을 보호할 수 있도록 해 준다. 동적 헤징은 가격 변화에 따라 전략을 조정하여 투자를 보호하는 방법이다. 당신이 암호 화폐와 같은 가치 있는 것을 소유하고 있고 그 가격이 하락할까 봐 걱정하고 있다고 상상해 보라. 동적 헤징은 스마트 도구를 사용하여 시장을 관찰하고 구매 또는 판매와 같은 작은 변경을 수행하여 위험을 줄인다. 이는 변화하는 시장에서 돈을 더 안전하게 유지하기 위해 적응하는 안전망을 갖는 것과 같다.

마지막으로 AI는 위험을 경고한다. AI 시스템은 중요한 시장 변화에 대한 실시간 경고를 보내 투자자가 자산을 보호하기 위해 신속하게 조치를 취할 수 있도록 보장한다.

과제와 윤리적 고려 사항

AI는 엄청난 잠재력을 제공하지만 가상 화폐 시장에 통합되면 그에 따른 문제와 윤리적 우려도 제기된다. 즉, 데이터 편향, AI에 대한 과도한 의존, 접근성, 시장 조작의 문제다.

AI의 데이터 편향이란 무엇인가. AI 모델은 훈련된 데이터만큼만 우수하다. 편향되거나 불완전한 데이터 세트는 부정확한 예측이나 권장 사항으로 이어질 수 있다. AI에 대한 과도한 의존이란 투자자가 자신의 판단과 비판적 사고를 무시하면서 AI 도구에 지나치게 의존하게 되는 것을 말한다.

접근성이란 다양한 투자자, 특히 소규모 또는 개인 투자자가 고급 AI 도구를 얼마나 쉽게 사용할 수 있는지를 나타낸다. 암호 화폐 거래나 시장 분석에 사용되는 것과 같은 많은 AI 도구는 그 도구를 이용하는 데 비용이 많이 들 수 있다. 소규모 투자자가 감당할 수 없는 높은 가입비를 요구할 수 있고, 전문 소프트웨어 또는 강력한 하드웨어가 필요할 수 있다. 이러한 도구를 효과적으로 설정하고 사용하려면 기술 지식이 필요한 경우도 많다. 대규모 기관에는 일반적으로 이를 관리할 전문가가 있지만, 소규모 투자자는 이를 적절하게 사용할 수 있는 기술이나 자원이 부족할 수 있다. 접근성은 이러한 장벽(높은 비용과 기술적 어려움)으로 인해 소규모 투자자가 어떻게 배제되어 대기업이나 부유한 거래자가 고급 AI 도구를 더 많이 사용할 수 있는지를 강조한다. 시장 조작이란 잘못된 손에서 AI 알고리듬을 사용함으로써 시장을 조작하여 불공정한 거래 환경을 조성할 수 있는 것을 말한다.

가상 화폐 시장의 미래에서 AI의 역할

앞으로 AI는 가상 화폐 시장의 진화에 더욱 필수 요소가 될 것이다. 딥러닝, 설명 가능한 AI 등 AI 기술의 발전으로 거래 전략, 사기 탐지, 위험 관리가 더욱 향상될 것이다. 또 암호 화폐 시장이 성숙해짐에 따라 AI 기반 설루션은 신뢰, 투명성 및 규제 준수를 촉진하는 데 중요한 역할을 할 가능성이 높다.

딥러닝(Deep Learning)은 인간의 뇌가 작동하는 방식을 모방해 컴퓨터가 학습하도록 돕는 AI의 일종이다. 이는 이미지, 텍스트, 사운드와 같은 많은 데이터를 처리하고 이해하기 위해 신경망이라는 시스템의 '뉴런(neurons)' 계층을 사용한다. 예를 들어 딥러닝은 수백만 장의 사진을 분석하여 컴퓨터가 사진 속의 개를 인식하도록 가르칠 수 있다. 딥러닝은 음성 비서, 자율주행차, 앱 추천 등에 사용된다. 뉴런은 데이터를 처리하는 컴퓨터 시스템의 작은 단위다. 각 뉴런은 입력을 받아 일부 계산을 수행하고 그 결과를 뇌세포의 작동 방식과 같이 다음 계층으로 전달한다.

결론적으로 AI는 거래자에게 권한을 부여하고 보안을 강화하며 위험 관리를 개선하는 혁신적인 도구로 기능하고 전략을 제공함으로써 가상 화폐 시장에 혁명을 일으키고 있다. 그러나 통합을 위해서는 모든 참가자에게 공정하고 접근 가능한 시장을 보장하는 윤리적, 실제적 과제에 대한 신중한 고려가 필요하다. AI의 힘을 책임감 있게 활용함으로써 암호 화폐 시장은 앞으로 더 큰 효율성, 보안 및 지속 가능성을 달성할 수 있다.

참고문헌

Alibašić, H.(2023). Developing an Ethical Framework for Responsible Artificial Intelligence (AI) and Machine Learning (ML) Applications in Cryptocurrency Trading: A Consequentialism Ethics Analysis. *FinTech*, 2(3), 430-443.

Analytic Insight(2023.7.6). How Does AI Help with the Cryptocurrency Market?. https://www.analyticsinsight.net/artificial-intelligence/how-does-ai-help-with-the-cryptocurrency-market

Future AI Toolbox(2024.3.13). AI Use Cases in Crypto: From Trading to Risk Management. https://futureaitoolbox.com/15-ai-use-cases-in-crypto-from-trading-to-risk-management/

05
가상 화폐와 AI의 경제적 영향

비트코인, 이더리움 등 가상 화폐는 정부 발행 화폐에 대한 탈중앙화된 디지털 대안을 제시하며, 금융 시스템의 변화를 촉진한다. 또 AI 도구는 생산성 향상과 비용 절감을 통해 경제 성장에 기여하고 있다. 가상 화폐와 AI의 결합은 글로벌 무역의 효율성과 탈중앙화를 촉진하며, 스마트 계약과 자동화를 통해 거래 속도와 비용 측면에서 이점을 제공한다. 이러한 기술을 책임감 있게 활용하여 모두를 위한 번영을 주도하는 미래를 조성해야 한다.

AI와 아이돌?

가상 화폐와 경제 모델의 변화

비트코인(Bitcoin), 이더리움(Ethereum), 스테이블코인(stablecoins)과 같은 가상 화폐는 정부 발행 화폐에 탈중앙화한 디지털 대안을 도입함으로써 전통적인 금융 시스템에 커다란 충격을 주었다. 이러한 혁신은 중앙은행과 금융 기관의 독점에 도전하여 새로운 경제 역학을 창출한다.

스테이블코인은 가치를 많이 바꿀 수 있는 비트코인이나 이더리움과 달리 가치를 안정적으로 유지하도록 설계된 가상 화폐다. 미국 달러나 금과 같은 안정적인 것에 묶여 있어 한 개의 스테이블코인은 일반적으로 1달러의 가치가 있다. 가격 변화로 인해 돈을 잃을 위험이 덜한 거래 또는 저축과 같은 일에 유용하다. 스테이블코인은 암호 화폐의 장점(빠르고 쉬운 전송)과 일반 화폐의 안정성을 둘 다 보유하고 있다.

가상 화폐가 불러일으키는 혁신과 그러한 혁신으로 인해 창출되는 새로운 경제 역학은 세 가지로 정리할 수 있다. 첫째, 분권화다. 가상 통화는 중개자의 필요성을 제거함으로써 거래 비용을 줄이고 국경 간 결제의 효율성을 높인다. 예를 들어, 기존 은행 시스템에 비해 훨씬 저렴한 비용으로 전 세계적으로 송금을 할 수 있다.

둘째, 금융 서비스 접근성의 획기적 개선이다. 암호 화폐는 특히 전통적인 은행 인프라가 제한된 지역에서 은행 서비스를 이용할 수 없는 인구에게 금융 서비스에 대한 접근을 제공한다. 암호 화폐는 개인이 실제 은행이나 금융 기관 없이도 스마트폰과 인터넷 연결만 사용하여 돈을 보내고 받고 보관할 수 있도록 함으로써 이를 가능하게 한다. 이는 은행이 부족하거나 비용이 많이 드는 지역에서 특히 도움이 되며, 더 많은 사람들이 경제에 참여할 기회를 제공한다.

셋째, 새로운 경제적 기회의 창출이다. 가상 화폐는 탈중앙화 금융(decentralized finance, DeFi), 대체 불가능한 토큰(non-fungible token, NFT) 등 완전히 새로운 방식으로 일자리를 창출하고 부를 창출하는 새로운 산업의 성장을 촉진했다. 그러나 암호 화폐의 변동성은 특히 디지털 통화가 널리 채택되는 국가에서 경제 안정성에 위험을 초래한다. 이러한 불안정성은 소비자 행동, 투자 패턴, 심지어 국가 통화 정책에도 영향을 미칠 수 있다.

AI와 고용 및 생산성 변화

AI의 경제적인 영향은 고용과 생산성에 어떻게 영향을

미치는지에서 가장 분명하게 드러난다. 우선 일자리의 대체 및 창출이다. 예를 들어 AI 개발, 데이터 과학(data science), 머신러닝(machine learning) 분야의 일자리에 대한 수요가 높아진다. AI 개발은 예를 들어, 질문을 이해하고 유용한 답변을 제공하는 챗봇을 구축하는 것이다. 데이터 과학은 예를 들어, 매장에서 어떤 제품이 언제 가장 잘 팔리는지 확인하고 현명하게 재고를 확보하고 매출을 늘리는 데 도움을 줄 수 있다.

머신러닝은 컴퓨터가 각 작업에 대해 명시적으로 프로그래밍하지 않고도 데이터로부터 학습하고 결정이나 예측을 내릴 수 있도록 하는 인공지능의 한 분야다. '머신러닝 분야의 일자리에 대한 수요가 높다'는 것은 데이터를 통해 학습하고 의사 결정을 내리도록 컴퓨터를 가르칠 수 있는 사람이 기업에 많이 필요하다는 것을 의미한다.

다음으로는 생산성의 향상이다. AI 도구는 예측 분석을 통해 공급망을 간소화할 수 있다. AI를 사용하여 제품이 얼마나 필요한지, 언제 재입고할지 등 어떤 일이 일어날지 예측하는 것이다. 그리고 AI 기반 진단은 의료 성과를 향상한다. 예를 들어, AI는 엑스레이를 분석하여 암과 같은 질병의 징후를 조기에 발견하여 환자가 올바른 치료를 더 빨리 받을 수 있도록 돕는다. 이는 의료를 더욱 효과적으로 만들고 생명을 구한다.

셋째는 경제 성장이다. AI는 혁신을 주도하여 GDP(국내총생산) 성장에 기여한다. 이를 통해 개인화된 추천부터 자율주행 자동차에 이르기까지 소비자 수요와 투자를 자극하는 새로운 제품과 서비스를 창출할 수 있다. 자율주행 차와 관련하여 AI는 사람의 개입 없이 안전하게 운전하고 결정을 내리는 데 필요한 지능을 제공함으로써 자율주행 차를 만들 수 있게 해 준다. 우선 AI는 카메라, 레이더와 같은 센서를 사용하여 자동차가 주변을 '볼' 수 있도록 도와준다. 이 데이터를 처리하여 다른 차량, 보행자, 교통 표지판과 같은 물체를 식별한다. 그리고 AI 알고리듬은 실시간으로 도로 환경을 분석하고 인간 운전자의 판단을 모방하여 제동, 가속, 차선 변경 시기 등 운전 결정을 내린다. AI는 고급 내비게이션(GPS) 시스템과 지도 활용 도구(mapping tools)를 지원하여 자율주행 차가 최적의 경로를 계획하고 교통이나 장애물에 맞게 경로를 조정할 수 있도록 해 준다. 그뿐만 아니라 AI 시스템은 주행 데이터로부터 학습하고 시간이 지남에 따라 개선되면서 자율주행 차를 더욱 똑똑하고 안전하게 만든다. 예를 들어 테슬라(Tesla) 및 웨이모

(Waymo)와 같은 회사는 AI를 사용하여 자율주행 자동차를 개발하고 자율 택시 및 배달 시스템과 같은 새로운 제품과 서비스를 만든다. 웨이모의 택시는 운전자 없이도 사람들을 태우고 목적지까지 안전하게 데려다줄 수 있다.

부의 분배와 불평등

AI는 상당한 이점을 제공하지만, AI 기술의 도입으로 인해 불평등에 대한 우려도 제기된다. 저숙련 역할을 맡은 근로자는 실직 위험이 더 높으며, AI 기반 기술에 대한 접근은 종종 부유한 개인과 조직을 선호하여 잠재적으로 경제적 격차를 확대한다. 가상 화폐와 AI 둘 다 부의 분배에 복잡한 영향을 미친다.

우선 암호 화폐는 개인에게 전통적인 금융 기관에 의존하지 않고 투자하고 거래할 수 있는 능력을 제공하여 잠재적으로 서비스가 부족한 지역의 사람들에게 힘을 실어 준다. 이는 일종의 '부의 민주화' 효과라고도 할 수 있다. 그러나 암호 화폐를 통해 창출된 부는 조기 적응자들(early adopters)과 대규모 투자자에게 집중되는 경향이 있다.

다음으로는 경제적 불평등에 대한 AI의 역할을 지적

하지 않을 수 없다. AI의 이점은 선진국과 첨단 기술을 구현할 수 있는 자원을 갖춘 조직에 집중되는 경우가 많다. 이러한 집중은 부유한 국가와 저개발 국가 간의 격차를 악화할 위험이 있다.

그런가 하면 정부는 가상 통화 및 AI 기반 비즈니스를 통해 창출된 소득에 과세하는 문제에 직면해 있으며, 이로 인해 부를 재분배하고 공공 서비스에 자금을 지원하는 일이 종전보다 복잡해지고 쉽지 않게 되었다.

글로벌 무역 및 경제 모델에 미치는 영향

가상 화폐와 AI의 결합은 더 효율적이고 탈중앙화한 절차와 과정을 도입함으로써 글로벌 무역 운영 방식을 근본적으로 변화시키고 있다. 가상 통화와 AI를 사용하여 은행이나 정부와 같은 중앙화된 기관에 대한 의존도를 줄이면서 글로벌 무역을 더 빠르고, 저렴하고, 간소화하는 것이다. 비트코인이나 이더리움과 같은 가상 통화는 은행과 같은 중개자를 제거하여 당사자 간의 직접 거래를 허용한다. 이를 통해 중앙 집중식 시스템으로 인한 지연, 수수료 및 의존도가 줄어든다. 가상 화폐의 블록체인 기술과 AI 기술을 함께 사용하면 국제 무역을 더 원활하고 독립적으로 수행할 수 있다.

첫째, 스마트 계약 및 자동화다. AI 기반 스마트 계약은 수요 예측과 계약 실행 및 결제 처리의 자동화, 중개자 필요성 감소, 비용 절감을 통해 국제 무역을 간소화한다. 사람의 감독 없이 자동으로 계약을 시행하는 것이다. 이는 국가 간, 기업 간 무역에서 거래 속도를 높이고 비용을 절감한다.

둘째, 보유 자산으로서의 암호 화폐다. 일부 국가에서는 암호 화폐를 외환보유고의 일부로 활용하여 잠재적으로 미국 달러와 같은 전통적인 준비 통화에 대한 의존도를 줄이고 있다. 암호 화폐가 미국 달러와 같은 전통적인 통화에 대한 대안을 제공함으로써 금융 시스템을 다양화하고 있는 것이다.

셋째, AI에 의한 무역 최적화다. AI는 방대한 데이터의 시장 동향을 분석하고 미래 수요를 예측하며 공급망을 최적화하여 무역 효율성을 향상한다. 더 적은 자원으로 상품을 더 빠르게 배송하고 궁극적으로 글로벌 경제 환경을 재편한다.

도전과 윤리적 고려 그리고 미래 비전

가상 화폐와 AI의 경제적 영향은 혁신적이지만 몇 가지 중요한 과제도 던져 준다. 정책 입안자, 기업 및 지역사회는 이러한 기술을 책임감 있게 활용하여 혁신이 모두를 위한 번영을 주도하는 미래를 조성하도록 협력해야 한다.

가상 화폐와 AI 기술이 우리에게 던지는 첫 번째 과제는 규제의 불확실성이다. 이러한 기술의 급속한 발전은 규제 프레임워크를 앞지르며 기업과 소비자에게 불확실성을 야기한다. 다음으로는 환경 문제다. 암호 화폐 채굴 및 대규모 AI 모델은 상당한 에너지를 소비하므로 지속 가능성에 대한 우려가 높아진다. 그리고 경제적 의사결정에 AI를 배치하면 알고리듬 편견 및 투명성과 같은 윤리적 문제가 제기된다.

물론 가상 화폐와 AI가 계속해서 세계 경제를 형성함에 따라 이들의 통합은 더 포용적이고 효율적인 경제 시스템을 만들 기회를 제공한다. 그러나 이러한 이점을 실현하려면 규제, 불평등, 지속 가능성과 관련된 문제를 해결해야 하는 것이다.

참고문헌

Boukherouaa, E. B., et al.(2021). Powering the Digital Economy: Opportunities and Risks of Artificial Intelligence in Finance. *IMF Departmental Paper*, 2021/024, 1-34.

Dabrowski, M. & Janikowski, L.(2018). Virtual currencies and their potential impact on financial markets and monetary policy. *CASE Reports*, 495, 1–46.

Korinek, A. & Stiglitz, J. E.(2017). Artificial Intelligence and Its Implications for Income Distribution and Unemployment. *NBER WORKING PAPER SERIES*, 24174, 1–44.

06
AI로 강화된 금융 보안

가상 화폐의 디지털 특성으로 인해 해킹, 피싱, 랜섬웨어, 스마트 계약 악용 등의 사이버 보안 위협이 증가하고 있다. 이에 대응하여 AI는 이상 탐지, 예측 분석, 자동 위협 대응을 통해 보안을 강화하고 있다. 또 AI는 사기 탐지, 사용자 자산 보호, 규제 준수 지원 등 다양한 측면에서 중요한 역할을 수행하며, 가상 화폐 생태계의 신뢰성과 안전성을 높이고 있다. AI 기반 기술의 미래 잠재력을 바탕으로 가상 화폐 환경에서 금융 보안을 강화하는 방법을 살펴보자.

AI와 야구?

가상 화폐의 사이버 보안 과제

비트코인, 이더리움 및 기타 디지털 자산과 같은 가상 화폐가 계속해서 전 세계적으로 관심을 끌면서 강력한 금융 보안이 그 어느 때보다 시급해졌다. 암호 화폐는 탈중앙화 및 디지털 특성으로 인해 사이버 범죄자의 주요 표적이 된다. 일반적인 위협은 해킹 공격, 피싱 사기, 랜섬웨어 공격, 스마트 계약 악용이다.

첫째 금융 위협은 해킹 공격이다. 암호 화폐 거래소와 지갑은 자금이나 민감한 데이터를 훔치기 위한 해킹 시도에 자주 직면한다. 여기서 말하는 민감한 데이터는 도난 또는 노출될 경우 사용자나 시스템에 해를 끼칠 수 있는 개인정보 또는 기밀 정보를 의미한다. 암호 화폐 거래소 및 지갑과 관련하여 민감한 데이터에는 개인 키, 개인 정보, 로그인 자격 증명, 거래 세부 정보가 있다. 개인 키란 사용자의 암호 화폐 자금에 대한 접속을 가능하게 하는 고유 코드다. 개인정보는 계정 설정 시 신원 확인을 위해 사용된 개인의 실제 법적 이름, 이메일 주소, 전화번호, 신분증 문서 등의 세부 정보를 포함한다. 로그인 자격 증명이란 계정에 접속하는 데 필요한 사용자 아이디(혹은 별명)와 비밀번호다. 거래 세부 정보는 금융 습관이나 소유 금액을 드러낼 수 있는 사용자 거래 기록을 말한다. 이러한 자료나 정보의 도난은 재정적 손실, 신원 도용 또는 추가 악용으로 이어질 수 있으므로 이를 보호하는 것이 중요하다.

둘째, 피싱 사기다. 사이버 범죄자는 가짜 웹사이트나 메시지를 통해 사용자를 속여 개인 키나 로그인 정보를 공개하도록 한다. 피싱 사기는 개인 키를 표적으로 삼아 사용자가 가짜 웹사이트에 개인 키를 입력하도록 속이거나 사기성 메시지를 통해 공유함으로써 암호 화폐를 훔치는 것이다.

셋째, 랜섬웨어 공격이다. 악의적인 행위자는 암호화된 데이터에 대한 접속을 복원하는 대가로 암호 화폐 지불을 요구한다. 랜섬웨어는 사용자가 접속할 수 없도록 파일이나 장치를 잠그는 일종의 컴퓨터 바이러스다. 랜섬웨어를 만든 해커는 사용자의 콘텐츠를 잠금 해제하기 위해 돈(몸값)을 요구한다. 몸값으로는 비트코인과 같은 암호 화폐로 결제를 요청하는 경우가 많은데 추적이 어렵기 때문이다.

넷째, 스마트 계약 악용이다. 스마트 계약의 취약점으로 인해 자금 도난이나 무단 거래가 발생할 수 있다. 스마트 계약은 불변이기 때문에(배포된 후에는 변경할 수 없음), 개발 중에 코딩, 논리, 보안 문제를 주의 깊게 해결하지 않는 한 코드에 존재하는 모든 취약점은 영구적일 수 있다.

해킹 위험 완화를 위한 AI의 역할

AI는 사이버 위협에 대한 예방적이고 적응적인 방어를 가능하게 하여 가상 화폐의 사이버 보안을 혁신하고 있다. AI는 우선 이상을 탐지한다. AI 알고리듬은 블록체인 거래와 사용자 활동을 실시간으로 모니터링하여 해킹 시도를 나타낼 수 있는 비정상적인 패턴을 식별한다. 예를 들어 사전 활동이 없는 지갑에서 대규모 이체가 시작되면 AI는 이를 의심스러운 것으로 표시할 수 있다.

다음으로 AI는 예측 분석을 한다. AI는 기록 데이터를 분석하여 암호 화폐 플랫폼의 잠재적인 취약성을 예측하고 위반이 발생하기 전에 보안 패치를 권장할 수 있다. 여기서 보안 패치는 공격자가 악용할 수 있는 알려진 취약점이나 약점을 해결하기 위해 소프트웨어나 시스템에 적용되는 업데이트 또는 수정 사항을 일컫는다. 우선 무단 접속 또는 해킹을 허용할 수 있는 코딩 오류 또는 보안 결함 등 취약성을 수정한다. 다음으로는 예측 분석을 통해 식별된 새로운 위협에 대한 방어와 보호를 강화한다. 그리고 공격자가 이를 악용하기 전에 시스템의 공백을 닫음으로써 위반을 방지한다. 예를 들어 AI가 암호 화폐 지갑의 암호화 방법이 오래되어 공격에 취약하다는 것을 감지하면 보안 패치는 암호화를 더 강력하고 안전한 방법으로 업데이트하여 사용자와 자금을 보호한다.

또 AI는 자동 위협 대응을 한다. AI 기반 시스템은 무단 접속이나 의심스러운 거래를 자동으로 차단하여 심각한 피해가 발생하기 전에 위반을 방지할 수 있다.

AI를 통한 사기 탐지

암호 화폐 시장에서는 가짜 ICO(initial coin offerings, 초기 코인 공개), 피라미드 사기 등 사기 행위가 만연한다. 가짜 ICO는 새로운 암호 화폐 프로젝트인 것처럼 가장하는 사기다. 실제 ICO에서 사람들은 프로젝트 시작을 돕고 그 대가로 디지털 코인을 얻기 위해 돈을 투자한다. 가짜 ICO에서는 사기꾼이 사람들의 돈을 가져가지만 약속된 코인이나 프로젝트를 생성하지 않는다. 예를 들어 그들은 멋진 웹사이트를 만들고 "우리의 새로운 코인에 투자하세요. 차세대 비트코인입니다!"라고 말할 수 있다. 하지만 사람들이 돈을 보내고 나면 사기꾼들은 사라진다.

피라미드 사기는 사람들이 다른 사람을 모집하면 돈

을 약속받는 사기다. 더 많은 사람들이 당신의 아래에 돈을 지불하고 가입하도록 함으로써 돈을 번다. 그 사람들은 돈을 벌기 위해 다른 사람들도 모집해야 한다. 새로운 사람이 참여하지 않으면 이 계획은 무너지고 대부분은 돈을 잃는다. 예를 들어 다른 사람을 모집해야만 돈을 벌 수 있는 프로그램에 참여한다면 이는 피라미드 사기일 가능성이 높다. 사실이라고 믿기에는 너무 좋아 보이는 제안이라면 항상 조심해야 한다. 돈을 잃지 않으려면 투자하기 전에 항상 신중하게 조사할 필요가 있다.

AI는 자연어 처리, 패턴 인식, 블록체인 분석을 통해 사기 탐지를 강화한다. 우선 자연어 처리 능력을 활용하여 AI는 이메일, 소셜 미디어 게시물, 웹사이트의 콘텐츠를 분석함으로써 피싱 시도나 사기 행위를 식별할 수 있다. 다음으로 AI의 머신러닝 모델은 반복적인 소규모 거래 또는 비정상적인 거래량과 같이 사기를 나타내는 거래 데이터의 패턴을 감지 또는 인식한다. 그리고 AI 도구는 블록체인 활동을 추적 및 분석하여 자금 세탁이나 불법 활동과 관련된 의심스러운 지갑 주소나 거래를 식별할 수 있다.

사용자 자산 보호

사용자 자산을 보호하는 것은 가상 화폐 금융 보안의 중요한 측면이다. AI는 보안 지갑 설루션(solution), 다층 암호화(Multi-Layer Encryption), 실시간 알림을 통해 사용자 자산을 보호하는 핵심 역할을 한다.

첫째, 보안 지갑 설루션이다. AI 기반 지갑 시스템은 얼굴 인식이나 지문 스캔과 같은 생체 인식 인증을 사용하여 승인된 사용자만 자금에 접근할 수 있도록 보장한다. 둘째, 다층 암호화다. 여기서 다층 암호화는 개인 키 및 민감한 정보와 같은 데이터에 무단 사용자가 접근하지 못하도록 보호하기 위해 여러 수준의 보안을 사용하는 것을 의미한다. 각 계층은 공격자가 돌파하기 어렵게 만드는 단계를 추가한다. 예를 들어 첫 번째 레이어에서 데이터는 비밀번호를 사용하여 암호화된다. 두 번째 단계에서는 암호화된 데이터가 생체 인증(예: 지문 또는 얼굴 스캔)과 같은 다른 방법으로 다시 암호화된다. 세 번째 단계에서는 하드웨어 키와 같은 추가 보안 프로토콜(security protocol)이 적용된다. 여러 레이어(layer)를 결합하면 한 레이어가 손상되더라도 다른 레이어가 추가적인 보호 기능을 제공한다. 이러한 접근 방식은 사용자 데이터와 암호 화폐 자금을 훨씬 더 안전하게 만든다.

여기서 보안 프로토콜은 시스템과 데이터를 보호하기 위해 설계된 광범위한 규칙 또는 조치 세트다. 여기에는 암호화가 포함될 수 있지만 인증이나 접속 통제와 같은 다른 방법도 포함된다. 예를 들면, 하드웨어 키는 접속 권한을 부여하기 전에 신원을 확인하기 위해 보안 프로토콜로 사용되는 물리적 장치다. 다층 암호화에는 암호화 프로토콜(encryption protocols)을 최적화하는 것도 포함된다. 이것은 승인된 사람만 이해할 수 있도록 데이터를 암호화하는 데 사용되는 규칙 또는 방법이다. 예를 들어 메시지를 보낼 때 메시지를 읽을 수 없는 코드로 변환하고 올바른 키를 가진 사람만 메시지를 해독할 수 있게 하는 것이다. 보안 프로토콜과 암호화 프로토콜 둘 다 무단 접속으로부터 중요한 정보를 보호하는 방법을 의미하지만 암호화 프로토콜은 데이터 암호화에 중점을 두고 있는 반면, 보안 프로토콜에는 더 광범위한 보호 조치가 포함되어 있다.

셋째, 실시간 알림이다. AI 시스템은 낯선 위치에서의 로그인 시도나 무단 거래 등 의심스러운 활동을 사용자에게 즉시 알린다.

혁신과 보안의 결합

AI는 또한 가상 화폐 플랫폼이 고객 파악 및 자금 세탁 방지 규정과 같은 규제 요구 사항을 준수하도록 돕는다. 먼저 AI는 여권이나 운전면허증과 같은 문서를 분석하여 사용자 신원을 신속하게 확인하고 고객 확인 절차를 간소화할 수 있다. 다음으로 AI는 불법 활동의 징후가 있는지 거래를 지속적으로 모니터링하여 자금 세탁 방지 규정을 준수하는지 확인한다. 그리고 AI는 규제 당국에 대한 자세한 보고서를 생성하여 암호 화폐 플랫폼이 투명성과 책임성을 유지하도록 돕는다.

AI가 계속 진화함에 따라 가상 화폐 보안에서 AI의 역할은 더욱 확대될 것으로 예상된다. 먼저 탈중앙화 모델을 통해 AI 시스템은 블록체인 네트워크에 직접 통합되어 내장된 보안을 제공한다. 또 AI 기반 플랫폼은 암호 화폐 거래소에서 위협 정보를 공유하여 사이버 범죄에 맞서 연합 전선을 구축할 수 있게 해 준다.

AI는 금융 보안을 강화하기 위한 강력한 도구를 제공하지만 몇 가지 과제도 남긴다. 무엇보다도 AI 시스템은 거래를 분석하는 동안 사용자 자료의 기밀이 유지되도록 보장해야 한다. 아울러 AI에 대한 과도한 의존은 시스템이 실패하거나 악용될 경우 취약성을 초래할 수 있다.

그뿐만 아니라 거래 모니터링에 AI를 사용하려면 사용자 개인정보를 존중하고 불필요한 감시를 피해야 한다.

요컨대 AI는 중요한 보안 문제를 해결하고 사용자와 플랫폼 모두를 위한 더 안전한 생태계를 조성함으로써 가상 화폐의 미래를 만들어 가고 있다. 이상 탐지, 사기 방지, 규제 준수를 위해 AI를 활용함으로써 암호 화폐 시장은 사이버 위협에 대한 신뢰와 탄력성을 구축할 수 있다. 그러나 이러한 이점을 완전히 실현하려면 혁신과 개인정보 보호, 윤리적 고려 사항, 강력한 인간 감독 간의 균형을 유지하는 것이 필수다. 가상 화폐 환경이 진화함에 따라 AI는 디지털 시대의 금융 보안을 보장하는 선두에 남을 것이다.

참고문헌

Belova. K.(2024.2.12). AI and Crypto: Top 15 Promising Use Cases and Applications. https://pixelplex.io/blog/ai-and-crypto/?utm_source=ChatGPT.com

Kiya.ai(n.d.). The Role of Artificial Intelligence in Fraud Detection and Prevention. https://www.kiya.ai/the-role-of-artificial-intelligence-in-fraud-detection-and-prevention/?utm_source=ChatGPT.com

Nvidia(n.d.). AI for Fraud Detection.
https://www.nvidia.com/en-us/use-cases/ai-for-fraud-detection/.

07
가상 화폐와 AI의 사회적 영향

가상 화폐와 AI는 금융 포용성 증대, 교육 접근성 향상, 분산형 거버넌스 촉진 등 긍정적 영향을 미치지만, 부정적 측면도 존재한다. 특히, 암호 화폐는 자금 세탁 및 테러 자금 조달에 악용될 위험이 있으며, AI는 데이터 프라이버시와 알고리즘의 투명성 문제를 야기할 수 있다. 따라서 혁신과 포용성의 균형을 위해 공정한 접근 보장과 사용자 보호를 위한 포괄적 정책이 필요하다. 그러한 정책을 통해 이러한 기술이 모두의 이익을 위해 활용되도록 노력해야 한다.

AI와 윤동주?

가상 화폐와 AI가 만들어 낸 기회

가상 화폐와 AI는 포용성을 촉진하고 혁신을 활성화하며 장벽을 줄여 사회 및 경제 환경 전반에 걸쳐 새로운 기회를 창출하고 있다. 첫째, 재정적 포용이다. 은행에 대한 접근성을 획기적으로 향상한 것이다. 가상 통화는 특히 전통적인 은행 인프라가 부족한 개발도상국에서 은행 서비스를 이용할 수 없는 인구에게 금융 서비스를 제공한다. 예를 들어 암호 화폐를 사용하면 개인은 은행을 거치지 않고 스마트폰과 인터넷 연결만 사용하여 돈을 보내고 받을 수 있다. 또 가상 통화는 중소기업의 역량을 강화한다. 소규모 기업가는 암호 화폐를 사용하여 글로벌 시장에 접근하고 높은 거래 수수료나 지연 없이 해외 고객으로부터 결제를 받을 수 있다.

둘째, 지식에 대한 접근의 민주화다. AI 도구는 저렴하고 맞춤화된 교육을 제공한다. 예를 들어 듀오링고(Duolingo)나 칸아카데미(Khan Academy)와 같은 AI 기반 플랫폼은 학생들이 자신의 속도에 맞춰 기술을 향상할 수 있도록 돕는다. 나아가 AI를 사용하면 코딩, 데이터 과학, 블록체인 개발 등 수요가 높은 기술에 대한 교육을 받을 수 있어 소외된 지역의 개인이 글로벌 취업 시장에서 경쟁할 수 있다. 듀오링고는 사람들이 재미있고 쉬운 방법으로 언어를 배울 수 있도록 도와주는 무료 앱이다. 칸아카데미는 사람들이 수학, 과학, 역사 등과 같은 다양한 주제에 대해 배울 수 있도록 돕는 무료 웹사이트 및 앱이다.

셋째, 중앙 집권형이 아닌 분권형 거버넌스와 사회 혁신을 촉진한다. 먼저 블록체인과 스마트 계약은 커뮤니티에서 투명하고 공정한 의사 결정 절차가 이루어지기 용이하게 함으로써 '분산형 투표(decentralized voting)'와 '자원 배분(resource allocation)'을 가능하게 한다.

다음으로 의료 접근성을 향상한다. AI 기반 진단 및 원격 의료 설루션(solution)은 의료 격차를 해소하여 농촌이나 서비스가 부족한 지역에 저렴한 서비스를 제공한다.

여기서 분권형 투표는 블록체인 기술을 사용하여 안전하고 투명하며 변조가 방지되는 투표 시스템을 만드는 것을 의미한다. 정부가 선거를 관리하는 기존 투표와 달리 분권형 투표를 사용하면 단일 조직에 의존하지 않고도 모든 사람이 결과를 확인할 수 있다. 블록체인은 각 투표가 영구적으로 기록되고 변경될 수 없도록 보장하여 선거를 공정하고 신뢰할 수 있게 만든다. 예를 들어 커뮤니티는 분권형 투표를 사용하여 지도자를 선택하거나 지역 현안에 대한 결정을 내릴 수 있다. '자원 배분'이란 돈, 장비, 서비스 등의 자원을 공정하고 효율적인 방식으로 분배하는 것을 의미한다. 분권형 거버넌스에서 스마트 계약은 사전 정의된 규칙과 투표 결과에 따라 이러한 자원을 자동으로 할당하고 배분할 수 있다. 예를 들어 커뮤니티 기금은 블록체인을 사용하여 분권형 투표를 통해 커뮤니티가 결정한 대로 공원 건설이나 도로 수리와 같은 승인된 프로젝트에만 돈이 지출되도록 할 수 있다. 즉, 분권형 투표는 의사 결정의 공정성을 보장하고, 자원 배분은 자원이 투명하고 효율적으로 배분되도록 보장한다.

가상 화폐의 도전과 불평등

종종 혁명적인 혁신으로 환영받는 암호 화폐 기술은 분권화, 금융 포용 및 기술 발전을 위한 중요한 기회를 가져왔다. 그러나 이는 또한 인류에게 수많은 도전 과제를 안기고 잠재적인 부정적인 영향을 초래한다. 경제적 불평등을 악화하는 것부터 불법 활동을 조장하는 것까지 가상 화폐 기술은 그야말로 양날의 검이다.

비트코인과 같은 가상 화폐는 처음에는 기술에 정통한 개인과 최소 비용으로 채굴하거나 구매할 수 있는 얼리 어답터가 접근할 수 있었다. 암호 화폐가 가치를 얻으면서 이러한 얼리 어답터들은 상당한 부를 축적했다. 머스크(Elon Musk)와 같은 거물, 대규모 투자자, 암호 화폐 회사의 주요 인물은 자신들의 자원을 활용하여 시장에 영향을 미침으로써 막대한 이익을 얻었다.

그러나 많은 소규모 투자자들은 빠른 부의 약속에 이끌려 시장 변동성으로 인해 상당한 손실을 입었다. 암호 화폐는 예측할 수 없는 가격 변동으로 악명 높으며, 이는 경험이 없는 거래자에게 막대한 금전적 손실을 초래할 수 있다. 예를 들어 시장 붕괴가 발생하면 대규모 투자자는 조기 철수하여 살아남는 반면, 소규모 투자자는 상당한 금액을 잃는다.

암호 화폐 생태계는 이미 자본, 기술 지식 또는 자원을 보유한 사람들에게 이익을 주는 경우가 많다. 암호 화폐 '고래(다량의 암호 화폐를 보유한 개인 또는 단체)'들에게 부가 집중됨으로 인해 혜택이 고르지 않게 분배되었다. 이러한 역학 구조는 블록체인 기술의 분권화된 이상과 모순되면서 부자와 가난한 사람의 경제적 격차를 확대한다.

암호 화폐는 소셜 미디어 동향, 규제 발표, 투기 거래의 영향을 받아 가격 변동성이 매우 높다. 예를 들어 머스크의 X(트위터의 후신)는 비트코인 또는 도지코인(Dogecoin)의 가치에 극적인 영향을 미치는 것으로 알려져 있다. 이러한 변동성은 암호 화폐를 결제 수단으로 사용하는 투자자와 기업에게 고위험 환경을 조성한다. 도지코인은 디지털 화폐와 같은 암호 화폐의 일종이다. 2013년에 재미있는 개 밈(meme)을 상징으로 사용하는 농담으로 시작되었다. 다른 암호 화폐와는 달리 심각하게 의도된 것은 아니었다. 그러나 사람들은 그것을 좋아했고 온라인에서나 재미로 다른 사람들에게 팁을 주기 위해 그것을 사용하기 시작했다. 시간이 지나면서 인기를 얻었고, 그 가치도 높아졌다. 일부 사람들은 이를 투자 목적으로 구매하지만 여전히 비트코인과 같은 다른 암호 화폐에 비해 가볍고 덜 심각한 것으로 알려져 있다.

암호 화폐에 저축한 돈이나 대출금을 자주 투자하는 소규모 투자자는 갑작스러운 시장 침체에 특히 취약하다. 시장 붕괴로 인해 평생 모은 돈을 한순간에 잃은 수많은 사람들의 이야기는 이러한 투기 시장의 위험성을 웅변한다. 구체적으로는 개인이 한평생 저축한 돈, 은퇴, 주택 구입, 긴급 상황 대처 등 미래의 중요한 필요를 위해 비축하고 있던 돈의 대부분 또는 전부를 암호 화폐에 투자한 소규모 투자자가 시장 붕괴 중에 엄청난 손실에 직면할 수 있음을 의미한다. 보험이나 정부 구제금융과 같은 안전망이 있을 수 있는 전통적인 투자와 달리 암호 화폐는 변동성이 매우 높으며 가격이 붕괴되면 돈을 회수할 방법이 없다.

ICO(initial coin offerings, 초기 화폐 공개) 및 암호 화폐 관련 피라미드 계획은 수많은 개인의 돈을 앗아 갔다. 가짜 ICO는 획기적인 기술을 약속하지만 투자자로부터 자금을 모으고 나면 사라지는 경우가 많다. 피라미드 사기는 높은 수익을 약속하며 참가자를 유혹하여 이익을 얻기 위해 다른 사람을 모집하도록 요구한다. 이러한 계획이 무너지면 대부분의 참가자는 돈을 잃는다.

가짜 ICO는 성장을 위해 돈이 필요한 새롭고 흥미로운 프로젝트인 것처럼 가장한다. 사람들은 큰 보상을 바라면서 투자하지만 사기꾼들은 돈을 빼앗고 도망간다. 피라미드 사기는 먼저 한 사람이 비용을 지불하고 다른 사람들도 가입하게 하면 높은 수익을 약속한다. 새로운 사람들이 합류하는 동안에만 작동한다. 그것이 멈추면 계획은 무너지고 대부분의 사람들은 돈을 잃는다.

가상 화폐의 한계와 미래 전망

놀랄 만한 잠재력에도 불구하고 가상 화폐와 AI는 사회적, 경제적 격차를 확대하는 데에도 기여한다. 특히 저소득층이나 농촌 지역의 많은 사람들은 가상 통화를 사용하거나 AI 도구의 혜택을 받는 데 필요한 인터넷 연결, 장치 또는 디지털 활용 능력이 부족하다. 또 고급 AI 도구 및 블록체인 기술에는 전문 지식이 필요한 경우가 많기 때문에 교육이나 훈련을 받을 수 없는 사람들은 불리한 상황에 처하게 된다. 기술에 접근할 수 있는 정도에 있어서 차이를 만들어 내는 디지털 격차다.

그뿐만 아니라 가상 화폐는 자금 세탁, 테러 자금 조달, 탈세 및 사기를 위한 잠재적 수단이 될 수 있다. 가상 화폐의 출현 초기 단계에서는 가상 화폐의 규모가 비교적 작았기 때문에 통화 정책 수행에 대한 위험이 발생할 가능성이 낮아 보였지만, 블록체인과 가상 화폐의 신기술이 훨씬 더 널리 사용됨에 따라 금융 안정성에 대한 위험이 결국 나타날 수 있다. 국가 당국은 이러한 문제를 해결하기 위한 정책적 노력에 착수했다. 정책의 방향은 혁신을 방해하지 않고 위험을 적절하게 해결하는 방식으로 규제를 조정하는 것이어야 한다. 경험이 쌓이면 다양한 분야에서 가장 적절한 규제 대응에 대한 지침을 제공하기 위해 국제 표준과 모범 사례를 고려하여 관할권 간 조화와 협력을 촉진할 수 있다.

포괄적인 정책은 가상 통화 및 AI 도구에 대한 공정한 접근을 보장하는 동시에 사용자를 착취 또는 피해로부터 보호할 수 있다. 혁신을 가로막지 않는 범위 내에서 규제는 필요하다. 규제는 투명성을 촉진하고 암호 화폐 및 AI 시장에 대한 폭넓은 참여를 장려함으로써 부의 집중을 해결할 수 있다. 그리고 정부, 기업, 지역 사회 간의 협력을 통해 AI 기반 교육 플랫폼이나 블록체인 기반 지역 화폐 등 지역 요구에 맞는 혁신적인 설루션을 만들 수 있다. 분권형 거버넌스 모델은 커뮤니티가 자원 배분과 의사 결정 과정을 더 효과적으로 제어할 수 있도록 역량을 강화할 수 있다. 혁신과 포용성의 균형을 통해 가상 화폐와 AI는 훨씬 더 공평하고 번영하는 글로벌 사회에 기여할 수 있다.

참고문헌

Cosma, S. & Rimo, G.(2023). Fintech, Financial Inclusion, and Social Challenges: The Role of Financial Technology in Social Inequality. Walker, T., et al.(ed). F*intech and Sustainability: How Financial Technologies Can Help Address Today's Environmental and Societal Challenges*, London: Palgrave Mcmillan, 107-128.

He, D., et al.(2016). Virtual Currencies and Beyond: Initial Considerations. *IMF STAFF DISCUSSION NOTE*, 16(3),

5-42.
Subramaniam, Y., et al.(2024). Exploring the Impact of Artificial Intelligence on Financial Inclusion: Cross-Country Analysis. *Social Indicators Research*, 121(3), 1-24.

08
AI와 가상 화폐의 규제

암호 화폐는 분산형 네트워크에서 운영되며, 기존 금융 규제에 도전한다. 주요 규제 이슈로는 자금 세탁 및 금융 사기 방지, 디지털 자산 과세 등이 있다. 미국 증권거래위원회(SEC)는 일부 암호 화폐를 증권으로 간주하여 규제하고, 유럽연합(EU)은 '암호 화폐 자산 시장(MiCA)' 규정을 통해 회원국 전체의 디지털 자산을 규제한다. 중앙은행 디지털 통화(CBDC)는 금융 감시 및 개인 정보 보호의 윤리적 문제를 제기한다. 이러한 문제를 해결하기 위한 노력을 살펴보자.

AI와 한의학?

암호 화폐 규제의 주요 이슈

이 장에서는 분권형 네트워크에서 작동하고 전통적인 금융 규제에 도전하는 가상 화폐, 특히 암호 화폐를 둘러싼 법적 복잡성을 탐구한다. 주요 이슈로는 자금 세탁 및 금융 사기 방지, 디지털 자산 과세(taxation of digital assets), ICO(initial coin offerings, 초기 화폐 공개) 규제 등이 있다.

디지털 자산에 대한 과세는 정부가 사람들이 암호 화폐(예: 비트코인 또는 이더리움)와 같은 것을 사용하거나 소유하여 얻은 돈에 대해 세금을 납부하기를 원한다는 것을 의미한다. 예를 들어 비트코인을 낮은 가격에 구매하고 높은 가격에 판매하는 경우, 수익금은 소득으로 간주되어 세금을 납부해야 할 수도 있다. 마찬가지로, 암호 화폐로 돈을 받거나 이를 사용하여 물건을 구매하는 경우 정부는 이를 일반 돈처럼 취급하고 세금을 부과할 수 있다. 국가마다 디지털 자산에 세금이 부과되는 방식에 대한 자체 규칙이 있지만, 목표는 사람들이 다른 유형의 소득이나 투자와 마찬가지로 공정한 몫을 보고하고 지불하도록 하는 것이다.

ICO를 규제한다는 것은 관련된 모든 사람에게 안전하고 공정하도록 규칙을 설정하는 것을 의미한다. ICO는 회사가 주식 시장에서 주식을 판매하는 것과 마찬가지로 회사가 돈을 모으기 위해 디지털 토큰을 판매하는 것이다. 이를 규제하려면 우선 기업이 ICO 계획을 명확하게 설명하도록 해야 한다. 그들은 잠재적인 구매자에게 프로젝트 내용, 자금 사용 방법 및 관련된 위험을 알려야 한다. 이를 '백서(whitepaper)'라고 하며, 솔직하고 자세하게 작성해야 한다. 다음으로 정부는 기업이 ICO를 시작하기 전에 승인을 받도록 요구할 수 있다. 이를 통해 합법적인 기업만이 자금을 조달하도록 함으로써 사기를 예방할 수 있다. 아울러 ICO는 누가 토큰을 구매하는지 확인하여 그들이 범죄자가 아닌지 또는 가짜 신원을 사용하고 있는지 확인해야 한다. 이는 자금 세탁 방지(Anti-Money Laundering, AML) 규정의 일부다. 나아가 개인을 보호하기 위해 규제 기관은 특히 소규모 투자자들이 투자할 수 있는 금액에 제한을 설정하여 너무 많은 손실을 입지 않도록 할 수 있다. 그뿐만 아니라 ICO 이후 기업은 자금 사용 방법을 보고하고 프로젝트 진행 상황을 보여야 하며, 이에 대한 지속적인 모니터링이 필요하다. 이를 통해 책임이 보장되고 신뢰가 구축된다. 이러한 규칙을 설정함으로써 정부는 기업이 책임감 있게 자금을 조달하도록 허용하는 동시에 투자자를 보호할 수 있다.

자금 세탁 방지 규정은 범죄자가 불법 자금을 숨기거나 '세탁(cleaning)'하여 정직한 업무에서 나온 것처럼 보이게 하는 것을 막는 법률이자 규제 단계다. 예를 들어 누군가가 마약 판매로 돈을 벌면 가짜 사업체, 은행 또는 디지털 통화를 사용하여 실제로 돈이 어디서 왔는지 숨기려고 할 수 있다. 자금 세탁 방지 규칙은 은행이나 암호 화폐 플랫폼과 같은 기업이 고객이 누구인지 확인하고(이를 'Know Your Customer, KYC'라고 함) 매우 크거나 특이한 거래와 같은 의심스러운 활동을 감시하도록 요구한다. 뭔가 이상해 보인다면 당국에 신고해야 한다. 자금 세탁 방지 규칙을 준수함으로써 정부와 기업은 불법 활동으로 인한 자금이 금융 시스템에 유입되어 범죄나 테러 자금 조달에 사용되는 것을 막기 위해 협력한다.

주요 경제국의 암호 화폐 법규

이 장에서는 미국 증권거래위원회의 암호 화폐 시장에 대한 증권법 시행, 유럽연합의 암호 화폐 자산 시장(Markets in Crypto-Assets, MiCA) 규제 등 주요 경제국에서 채택한 조치를 조사한다. 회원국 전체의 디지털 자산, 암호 화폐로 인한 일부 규제 문제를 해결하는 동시에 금융 감시 및 개인정보 보호에 대한 새로운 윤리적 문제를 제기하는 데 중앙은행 디지털 통화(central bank digital currencies, CBDC)의 잠재적인 역할에 특별한 관심이 집중된다.

미국 증권거래위원회는 투자자를 보호하고 암호 화폐 시장을 포함한 금융 시장이 공정하고 투명하도록 보장하기 위해 증권법을 시행하고 있다. 간단히 말해서, 증권거래위원회는 특정 암호 화폐 및 토큰(초기 코인 공개에서 판매되는 것과 같은)을 주식이나 채권과 같은 '증권(securities)'으로 취급한다. 암호 화폐 회사가 주식이나 기타 투자 상품처럼 취급될 수 있는 토큰을 제공하는 경우, 증권거래위원회는 금융 시장에서 주식을 발행하는 회사와 동일한 규정을 준수하도록 의무화한다. 증권거래위원회는 전통적인 투자와 마찬가지로 암호 화폐 투자자를 보호하고 투명성을 보장하기 위해 이러한 토큰을 규제한다.

구체적으로는 암호 화폐 회사가 증권거래위원회에 토큰 제공을 등록하고 토큰 작동 방식과 관련 위험을 설명해야 투자자가 정보에 입각한 결정을 내릴 수 있다. 기업은 프로젝트에 대한 진실된 정보를 제공해야 한다. 그들이 거짓말을 하거나 세부 사항을 숨길 경우 증권거래위원회는 이에 대해 조치를 취할 수 있다. 증권거래위원회는 암호 화폐 시장에서 사기 또는 허위 투자 계획을 모니터링한다. 사기 행위를 발견하면 회사에 벌금을 부과하거나 운영을 중단할 수 있다. 증권거래위원회는 이러한 법률을 시행함으로써 투자자를 보호하고 암호 화폐 시장이 전통적인 금융 시장과 마찬가지로 공정하게 운영되도록 보장하는 것을 목표로 한다.

유럽연합의 암호 화폐 시장 규정은 모든 유럽연합 국가에서 암호 화폐와 같은 디지털 자산을 더 안전하고 일관되게 사용하고 거래할 수 있도록 하기 위한 일련의 규칙이다. 이는 모든 회원국에 대해 하나의 큰 규칙서를 마련하여 모든 사람이 동일한 표준을 따르는 것과 같다. 이 규정에 의하면, 암호 화폐를 생성하거나 거래하는 기업은 신뢰를 얻을 수 있도록 엄격한 지침을 따라야 한다. 그들은 작업 방식, 관련된 위험 등 프로젝트에 관한 중요한 정보를 등록하고 공유해야 한다. 이 규정은 또한 암호 화폐를 사용하는 사람들을 사기나 음모로부터 보호한다. 회사는 토큰에 대해 투명하고 정직해야 한다. 이 규정에는 자금 세탁과 같은 범죄를 예방하는 규칙이 포함되어 있으며, 기업이 디지털 자산을 책임감 있게 처리하여 경제에 해를 끼칠 수 있는 위험을 피할 수 있도록 보장한다. 각 회원국이 자체 규칙을 갖지 않고 단일 규칙을 만든다. 이를 통해 암호 화폐 회사가 유럽 전역에서 운영하기가 더 쉬워지고 모든 국가의 사용자가 동등하게 보호된다. 이 규정은 혁신과 안전의 균형을 유지하여 암호 화폐 산업을 성장시키는 동시에 관련된 모든 사람에게 공정성과 보안을 보장하는 것을 목표로 한다.

중앙은행 디지털 통화(CBDC)는 미국 연방준비은행이나 유럽중앙은행과 같은 국가의 중앙은행이 발행한 화폐의 디지털 버전이다. 현금처럼 작동하지만 완전히 디지털이므로 휴대폰이나 컴퓨터에서 사용할 수 있다. 분산되어 있고 규제하기 어려운 암호 화폐(비트코인 등)와 달리 중앙은행 디지털 통화는 정부에 의해 완전히 통제된다. 이를 통해 거래를 더 쉽게 추적하고 자금 세탁이나 불법 활동과 같은 문제를 예방할 수 있다. 중앙은행 디지털 통화는 중앙은행의 지원을 받기 때문에 지갑에 있는 기존 화폐만큼 신뢰할 수 있다. 반면에 암호 화폐는 그 가치가 많이 변할 수 있기 때문에 매우 위험할 수 있다. 중앙은행 디지털 통화 은행 계좌가 없는 사람들에게는 전화나 앱을 통해 디지털 화폐에 쉽게 접근할 수 있도록 함으로써 도움을 줄 수 있다. 중앙은행 디지털 통화는 중앙은행에서 모니터링하므로 개인정보 보호에 대한 의문이 제기된다. 사람들은 정부가 돈을 어떻게 쓰는지 추적하여 잠재적인 금융 감시를 초래할 수 있다고 걱정한다. 중앙은행 디지털 통화는 규제가 부족한 암호 화폐의 문제를 해결하는 동시에, 사람들의 디지털 화폐에 대해 정부가 얼마나 많은 통제권을 가져야 하는지에 대한 새로운 논쟁을 불러일으키는 것을 목표로 한다.

글로벌 거버넌스 노력의 긴급한 필요성

가상 화폐와 AI의 법적, 윤리적 문제를 효과적으로 해결하기 위해서는 응집력 있는 글로벌 거버넌스 노력이 긴급히 필요하다.

구체적으로는 적응 가능하고 시행 가능한 표준과 프로토콜을 개발하기 위해 정부, 국제기구, 민간 부문 단체 및 시민사회를 한데 모으는 다중 이해관계자 접근 방식이 바람직하다. AI와 가상 화폐의 개발은 규제 시스템을 앞지르고 있으며, 사회는 그 의미를 파악하기 위해 고군분투하고 있다. 그러나 적극적이고 협력적인 노력을 통해 혁신 촉진과 공공 이익 보호 사이의 균형을 유지함으로써, 이러한 기술이 모두의 이익을 위해 책임감 있게 활용되도록 보장할 수 있다.

참고문헌

European Union's Markets in Crypto-Assets (MiCA) Regulation(2024).
https://eur-lex.europa.eu/eli/reg/2024/1689/oj

European Union's Artificial Intelligence Act(2024).
https://artificialintelligenceact.eu/the-act/

OECD Principles on Artificial Intelligence.
https://www.oecd.org/en/topics/ai-principles.html

09
메타버스와 디지털 경제에서 AI와 가상 화폐

메타버스는 AI와 가상 화폐의 융합으로 더욱 현실감 있고 상호작용이 풍부한 가상 세계를 제공한다. AI는 사용자 경험을 개인화하고, 가상 자산(virtual asset)의 생성과 관리를 지원하며, 가상 공간의 안전성을 높인다. 가상 화폐는 메타버스 내에서의 거래를 원활하게 하며, 디지털 자산의 소유권을 보장한다. 또 블록체인 기술은 메타버스의 인프라를 분산하여 투명성과 보안을 강화한다. 이로써 사용자들은 신뢰할 수 있는 환경에서 다양한 활동을 즐길 수 있다.

AI와 화장품?

메타버스의 개요와 진화

메타버스(Metaverse)는 사람들이 인터넷을 사용하여 상호 작용하고, 일하고, 놀고, 쇼핑할 수 있는 디지털 세계다. 마치 온라인에서 다양한 활동과 경험을 연결하는 거대한 가상 공간과 같다. 화면으로만 사물을 보는 대신 가상 현실(Virtual Reality, VR) 헤드셋을 사용하여 메타버스에 뛰어들면 마치 이 디지털 세계 안에 있는 것처럼 느낄 수 있다.

메타버스에서 아바타는 나를 대표하는 캐릭터다. 아바타는 다양한 장소를 탐험하고, 다른 사람들을 만나고, 재미있는 활동을 할 수 있다. 예를 들어 가상 콘서트에 참석하거나, 아바타를 위한 디지털 옷을 구입하거나, 나만의 가상 주택을 지을 수도 있다. 게임뿐만 아니라 사람들은 메타버스에서 일하고, 배우고, 비즈니스를 창출할 수도 있다.

메타버스의 독특한 점은 다양한 기술을 결합하여 모든 것이 현실처럼 느껴지게 한다는 점이다. 메타버스에서 경험하는 가상 세계를 AI가 더 스마트하게 해 준다면, 암호 화폐와 대체 불가능한 토큰(non-fungible token, NFT)은 메타버스의 가상 세계에서 디지털 아이템을 안전하게 구매, 판매, 소유할 수 있게 해 준다. 예를 들어 메타버스에서 당신이 가상 토지나 예술품을 구매하면 NFT가 그것은 당신의 것임을 보증해 주기 때문에 다른 누구도 그것을 자기의 것이라고 주장할 수 없다.

메타버스는 한 곳이 아니라 메타[Meta, 옛 페이스북(Facebook)]나 포트나이트(Fortnite)와 같은 게임 플랫폼과 같은 여러 회사가 만든 가상 공간 네트워크다. 이러한 공간은 서로 연결되어 쉽게 왕래할 수 있다. 포트나이트는 사람들이 함께 플레이하고, 만들고, 즐길 수 있는 매우 인기 있는 온라인 비디오 게임이다. 그것은 흥미로운 일을 많이 할 수 있는 커다란 가상 놀이터와 같다. 이 게임은 무료로 플레이할 수 있으며 컴퓨터로도 할 수 있고, 휴대폰으로도 할 수 있다.

메타버스의 개념은 시간이 지남에 따라 크게 발전했다. 메타버스의 진화는 가상 현실, 블록체인 기술의 발전으로 탄력을 받았다. 암호 화폐와 대체 불가능한 토큰(NFT)의 도입으로 가상 세계 내에서 안전한 디지털 소유권과 분권형 경제가 가능해졌으며, 메타버스는 개념적 아이디어에서 기능적 생태계로 변모했다.

오늘날 메타버스는 단순히 게임이나 사교에만 국한해 활용되지 않는다. 여기에는 가상 작업장, 디지털 마켓플레이스, 교육 환경까지 포함된다. 원격 근무와 온라인 상호 작용으로 몰입형 공유 가상 공간에 대한 수요가 부각되었을 뿐만 아니라, 코로나19 팬데믹으로 인해 메타버스에 대한 관심이 더욱 가속화되었다. 메타버스가 계속 성장함에 따라 엔터테인먼트, 상업, 교육과 같은 산업을 재편성할 수 있는 잠재력이 점점 더 분명해지고 있으며 동시에 거버넌스, 형평성, 디지털 권리에 대한 의문도 제기되고 있다. 이는 메타버스가 성장함에 따라 메타버스가 어떻게 관리될 것인지(거버넌스), 모든 사람이 공정한 접근과 기회를 가질 것인지(형평성), 사용자의 디지털 자산, 개인정보 보호 및 자유가 어떻게 될 것인지(디지털 권리)에 대한 우려가 있음을 의미한다. 이러한 문제는 공정성, 안전, 포용성을 보장하기 위한 규칙의 필요성을 강조한다.

메타버스와 AI의 통합

AI가 메타버스에 통합되면서 가상 환경을 설계하고, 탐색하고, 경험하는 방식이 변화하고 있다. 사용자가 아바타와 몰입형 기술을 통해 상호 작용하는 공유 디지털 공간인 메타버스는 AI의 도움으로 이러한 경험을 훨씬 더 현실적이고 적응력 있으며 매력적으로 만든다. AI는 메타버스의 개발, 사용성 및 경제적 잠재력을 향상한다.

AI는 메타버스 내의 광범위한 가상 세계를 생성하고 관리하는 데 중요한 역할을 한다. 인간이 모든 것을 수동으로 설계하는 대신 AI 또는 알고리듬이 풍경, 건물, 레벨과 같은 디지털 환경의 일부를 자동으로 생성한다. 규칙과 패턴을 사용하여 독특하고 현실감 있는 콘텐츠를 생성한다. 또 머신러닝 모델은 사용자 선호도와 행동을 분석하여 게임, 사교, 작업 등 개별 요구에 맞는 맞춤형 공간을 만들 수 있다.

메타버스에 대한 AI의 중요한 기여 중 하나는 실물과 같은 아바타를 생성하고 의미 있는 상호 작용을 촉진하는 능력이다. AI 기반 도구를 사용하면 사용자는 실제 모습이나 상상력이 풍부한 디자인을 반영하여 고도로 맞춤화된 아바타를 만들 수 있다. 고급 AI 알고리듬을 통해 이러한 아바타는 얼굴 표정, 신체 언어 및 음성 패턴을 모방하여 상호 작용을 더욱 실감 나게 한다. AI 기반 자연어 처리는 실시간 번역을 지원하여 다양한 언어 배경을 가진 사용자가 원활하게 대화할 수 있도록 하여 의사소통을 향상한다.

AI는 메타버스 내에서 안전하고 포괄적인 환경을 유지하는 데 중요한 역할을 한다. 콘텐츠 조정 시스템(content moderation system)은 AI를 사용하여 괴롭힘이나 증오심 표현과 같은 부적절하거나 유해한 행동을 감지하고 예방한다. 이러한 시스템은 텍스트, 오디오 및 시각적 데이터를 실시간으로 분석하여 사용자가 유해한 경험을 겪지 않고 메타버스에 참여할 수 있도록 보장한다. 또 AI 기반 보안 시스템은 사용자의 디지털 자산과 신원을 보호하여 사이버 위협으로부터 보호한다.

메타버스의 경제 시스템은 AI 통합으로 인해 상당한 이점을 얻는다. AI 도구는 시장 동향, 사용자 행동, 거래 데이터를 분석하여 가상 상품 및 서비스에 대한 수요를 예측한다. 이 정보를 통해 기업과 창작자는 정보에 입각한 결정을 내리고, 가격을 최적화하고, 타깃 마케팅 전략을 개발할 수 있다.

메타버스와 암호 화폐의 통합

암호 화폐는 가상 공간 내에서 안전하고 분산되며 원활한 거래를 가능하게 함으로써 메타버스의 금융 기반에 혁명을 일으키고 있다. 암호 화폐와 블록체인 기술은 메타버스에서 디지털 소유권, P2P 경제, 혁신적인 비즈니스 모델의 기반을 마련했다. 암호 화폐가 메타버스에서 경제 활동을 활성화하고 거버넌스를 강화한 것이다.

메타버스에서 암호 화폐는 가상자산을 사고팔고 거래

하는 주요 교환 매체 역할을 한다. 가상 부동산 구매, 게임 내 아이템 획득, 콘텐츠 제작자에게 팁 제공 등 암호 화폐를 사용하면 빠르고 국경 없는 거래가 가능하다. 이더리움과 같은 토큰이 널리 사용된다.

대체 불가능한 토큰(NFT)은 예술, 음악, 가상 부동산 또는 수집품과 같은 고유한 디지털 자산을 나타내는 메타버스 경제의 초석이다. 각 NFT는 블록체인에 저장되어 소유권과 진위성을 증명한다. 이 기술을 통해 사용자는 자신의 디지털 자산을 실제로 소유할 수 있어 자산을 안전하게 구매, 판매 또는 거래할 수 있다. NFT는 또한 자신의 작품으로 수익을 창출하고 2차 판매를 통해 로열티를 얻을 수 있는 직접적인 방법을 제공함으로써 창작자에게 힘을 실어 준다.

메타버스 내에 탈중앙화 금융 시스템을 통합하면 사용자는 기존 은행에 의존하지 않고도 대출, 차용, 스테이킹(staking)과 같은 금융 서비스를 이용할 수 있다. 예를 들어 사용자는 암호 화폐를 스테이킹하여 이자를 얻거나 가상 자산을 대출 담보로 사용할 수 있다. 스테이킹은 암호 화폐를 디지털 지갑이나 플랫폼에 넣어 둠으로써 블록체인 네트워크가 유지되는 데에 기여하는 것을 의미한다. 그 대가로 저축 계좌에 대한 이자를 받는 것과 유사한 추가 암호 화폐와 같은 보상을 받는다. 이러한 시스템은 금융 포용성을 촉진하여 전 세계 사용자가 기존 은행 이용에 관계 없이 메타버스 경제에 참여할 수 있도록 한다.

블록체인 기술은 분권형 자율 조직(DAO, Decentralized Autonomous Organization)을 통해 메타버스에서 분권형 거버넌스를 가능하게 한다. 이러한 조직을 통해 사용자는 거버넌스 토큰을 사용하여 의사 결정에 투표함으로써 가상 공간, 자산 및 경제를 공동으로 관리할 수 있다. DAO는 커뮤니티가 메타버스 플랫폼의 방향을 형성할 수 있도록 지원하여 단일 주체가 완전한 통제권을 갖지 않도록 보장한다.

블록체인에 저장된 자체 실행 계약인 스마트 계약은 메타버스의 거래를 간소화한다. 이러한 계약은 자동으로 계약 조건을 시행하므로 중개자의 필요성이 줄어든다. 예를 들어 스마트 계약은 가상 토지 판매를 촉진하여 지불을 받는 즉시 구매자에게 소유권을 이전할 수 있다. 이러한 자동화는 투명성을 보장하고 거래 비용을 절감한다.

암호 화폐는 메타버스에서 플레이 투 적립(Play-to-Earn, P2E) 게임 모델의 등장을 가능하게 했다. 플레이어는 게임에 참여하거나 작업을 완료하거나 경쟁에서 승리하여 암호 화폐를 얻을 수 있다. 이러한 수입은 게임 내에서 사용되거나 실제 화폐로 전환되어 전 세계 사용자에게 새로운 수입 기회를 창출할 수 있다. 액시 인피니티(Axie Infinity)와 같은 플랫폼은 P2E 모델이 게임과 고용을 재편할 수 있는 잠재력을 보여 주었다. 액시 인피니티는 플레이어가 액시즈라는 귀여운 생물을 수집하고 훈련하며 싸우는 온라인 게임이다. 포켓몬과 가상 애완동물 게임을 섞은 것과 같다.

암호 화폐를 메타버스에 통합하는 데에도 어려움이 따른다. 암호 화폐의 가치는 급격하게 변동할 수 있으므로 가격 변동성은 중요한 관심사다. 이러한 예측 불가능성은 사용자가 일상적인 거래에 디지털 통화를 채택하는 것을 방해할 수 있다. 또 사기, 해킹, 자금 세탁과 같은 문제는 사용자와 플랫폼 모두에 위험을 초래하므로 강력한 보안과 규제가 필요하다.

참고문헌

Mhatre, Y. & Mishra, Y.(2024). Virtual Economies in the Metaverse: Cryptocurrency, NFTs, and Digital Asset Ownership. *Journal of Emerging Technologies and Innovative Research*, 11(6), 552-556.

Soliman1, M. M., et al.(2024). Artificial Intelligence Powered Metaverse: Analysis, Challenges and Future Directions. *Artifcial Intelligence Review*, 57(36), 1-46.

The Role of Artificial Intelligence (AI) in the Metaverse. https://metaversereality.ieee.org/publications/articles/the-role-of-artificial-intelligence-in-the-Metaverse

10
인공지능과 가상 화폐의 다음 단계

AI와 가상 화폐의 발전은 자동화 촉진, 창의성 혁신, 금융 시스템 재정의 등의 긍정적 영향을 미치지만, 고용 시장 혼란, 규제 준수, 환경 지속 가능성 등의 과제도 안고 있다. 이러한 기술의 융합은 경제의 디지털 전환을 가속화할 잠재력이 있으나, 사회적 불평등 심화, 개인정보 보호, 책임성 등의 윤리적 문제를 해결하기 위한 적극적인 거버넌스와 국제 협력이 필요하다. 이 장에서 살펴볼 샘 뱅크맨-프리드의 사례는 규제되지 않은 암호 화폐 시장의 위험성을 보여 준다.

종교와 AI?

AI와 가상 화폐의 혁신과 과제

AI 개발의 궤적을 구상하는 것으로 시작해 보자. 생성형 AI, 머신러닝, 로봇공학의 발전은 자동화를 촉진하고 창의성을 혁신하며 인간과 기계의 협업을 재정의할 것으로 예상된다.

미래의 AI 시스템은 상황을 이해하고, 복잡한 문제를 해결하고, 자율적으로 결정을 내리는 데 현재의 능력을 능가할 수 있으며, 잠재적으로 의료, 교육, 운송 및 환경 관리에 없어서는 안 될 도구가 될 수 있다. 그러나 이러한 급속한 발전은 고용 시장의 혼란으로 이어질 수 있으며, 전통적인 역할에 도전하는 동시에 새로운 기술과 산업에 대한 수요를 창출할 수 있다.

마찬가지로, 금융 시스템을 재정의할 수 있는 잠재력에 초점을 맞춰 가상 화폐와 블록체인 기술의 진화를 전망해 보자. 암호 화폐는 결제 수단으로 더욱 널리 채택되어 은행 서비스를 이용할 수 없는 사람들에게 은행 서비스에 대한 접근을 제공함으로써 더 큰 금융 포용성을 촉진할 것으로 예상된다. 블록체인을 다양한 부문에 통합하면 공급망, 투표 시스템 및 지적 재산 관리의 투명성, 보안 및 효율성을 향상할 수 있다. 그러나 암호 화폐의 변동성과 규제 준수 및 환경 지속 가능성에 대한 우려는 암호 화폐의 장기적인 생존 가능성을 보장하기 위해 해결되어야 한다.

기술 혁신의 사회적, 윤리적 영향

AI와 가상 화폐의 융합은 획기적인 혁신으로 이어질 수 있다. 예를 들어 AI 기반 분석은 암호 화폐 시장을 최적화할 수 있고, 블록체인 기술은 AI 시스템의 보안과 투명성을 향상할 수 있다. 이러한 시너지 효과는 경제의 디지털 전환을 가속화하고 최소한의 인간 개입으로 운영되는 분권형 자율 조직의 개발을 가능하게 할 잠재력을 가지고 있다.

그러나 이러한 발전이 사회적, 윤리적으로 미치는 영향에 대해서도 주목하지 않으면 안 된다. AI와 가상 화폐가 일상생활에 필수가 됨에 따라 기존 불평등을 악화하는 것을 방지하려면 이러한 기술에 대한 공평한 접근을 보장하는 것이 필수다. 가상 통화 생태계의 금융 감시 및 사기에 대한 우려와 함께 AI 시스템의 개인정보 보호, 책임 및 편견을 둘러싼 윤리적 고려 사항이 대두된다. 혁신과 이러한 윤리적 문제의 균형을 맞추려면 적극적인 거버넌스와 국제적 협력이 필요하다.

결론적으로 AI와 가상 화폐의 미래를 관리하는 데 다

중 이해관계자 접근 방식이 중요하다. 정부, 민간 기업, 학계, 시민 사회는 공익을 보호하면서 혁신을 촉진하는 정책과 프레임워크를 만들기 위해 협력해야 한다. 이러한 기술의 개발은 훨씬 더 포용적이고 효율적이며 혁신적인 글로벌 사회를 구축할 기회를 제공한다. 그러나 이 비전을 실현하려면 사려 깊은 계획과 윤리적 가치에 대한 꾸준한 헌신과 함께 급속한 기술 발전으로 인한 과제를 신중하게 관리해야 한다. 사려 깊은 협업과 적응형 전략을 통해 AI와 가상 화폐의 미래는 모두의 이익을 위해 활용될 수 있으며 인류의 가장 높은 열망을 반영하는 디지털 세계를 형성할 수 있다.

샘 뱅크맨-프리드 사건의 시사점

샘 뱅크맨-프리드(Sam Bankman-Fried, SBF)와 그의 암호 화폐 거래 플랫폼인 FTX(Futures Exchange)는 암호화폐 세계에서 가장 극적인 상승과 하락을 보여 준 대표적 사례다. 전직 월스트리트 애널리스트이자 매사추세츠공과대학교(MIT) 졸업생인 그는 혁신적이고 사용자 친화적이며 복잡한 금융 상품을 처리할 수 있는 암호 화폐 거래 플랫폼을 구축한다는 목표로 2019년 FTX를 설립했다. 몇 년 만에 FTX는 수백억 달러의 가치를 지닌

전 세계적으로 가장 크고 영향력 있는 암호 화폐 거래소 중 하나로 성장했다.

그는 캐주얼한 외모, 그리고 다른 사람을 돕고 세상을 더 나은 곳으로 만들겠다는 이상과 그 이상을 실현할 현실적이고도 구체적인 방법, 즉 부를 사용해 사회적 이익을 극대화하는 비전을 표방하며 암호 화폐 업계의 저명한 인물이 되었다. 그는 긴급한 글로벌 문제를 해결하기 위해 자신의 재산을 기부하겠다는 아이디어를 적극적으로 내세웠다. FTX는 수백만 명의 사용자를 유치하고 유명 인사 및 스포츠팀과 파트너십을 맺으며 지배적인 플레이어로서의 입지를 더욱 공고히 했다.

그러나 그 이면에서 FTX는 충격적인 몰락을 초래하는 심각한 문제에 직면했다. 2022년 조사에 따르면 그와 그의 무역 회사의 위험한 베팅을 충당하기 위해 FTX 예금을 사용하여 고객 자금을 잘못 관리한 것으로 나타났다. 이로 인해 보유 자산 가치가 하락하면서 막대한 재정적 허점이 생겼고, 고객 출금 요청을 이행할 수 없게 되었다. 잘못된 경영에 대한 보고는 신뢰 상실을 초래해 유동성 위기로 이어졌고, FTX는 2022년 11월 파산을 선언했다.

붕괴로 인해 수십억 달러의 고객 자금이 손실되었고,

전 세계 규제 기관과 검찰의 조사가 촉발되었다. 그는 사기 및 기타 금융 범죄 혐의로 체포되어 기소되었다. 그의 몰락은 규제되지 않은 암호 화폐 시장의 위험을 부각했을 뿐만 아니라 더 넓은 암호 화폐 생태계에 대한 신뢰를 무너뜨렸다. 이는 신흥 금융 산업의 견제받지 않는 권력, 그리고 부적절한 감독의 위험성에 대한 경고의 이야기로 남아 있다.

AI 시대에 필요한 윤리적 프레임워크

암호 화폐 거래와 AI, 머신러닝에는 새로운 규제 접근 방식이 필요하다. 디지털 자산은 분산화, 익명성, 거래 속도 및 규모와 같은 고유한 과제를 제시하므로 새로운 규제 및 윤리적 관점이 필요하다. 기존 법률은 사기 및 내부자 거래와 같은 측면을 다루고 있지만, 암호 화폐의 고유한 역학과 거래에 AI 기술을 구현하기 위해서는 훨씬 더 구체적이고 상황에 맞는 규제 접근 방식이 필요하다.

AI 및 머신러닝 기반 거래는 거래 전략을 최적화하고 수익을 향상할 수 있는 잠재력을 가지고 있지만 금융 시장 생태계에 새로운 변수와 위험을 초래한다. 이는 시장 효율성에 대한 전통적인 이해에 도전하기 때문에, 금융 거래에 AI 및 머신러닝을 적용할 때에는 윤리적 고려 사항을 아울러 염두에 두지 않으면 안 된다. AI와 머신러닝의 출현에 따라 진화하는 거래 기술 환경을 고려하여 시장의 효율성에 대한 이해를 수정할 필요가 있다.

암호 화폐 거래에서 AI와 머신러닝의 사용 증가로 인해 복잡한 윤리적 고려 사항이 촉발되었으며, 책임 있는 규제의 필요성이 제기되었다. AI와 머신러닝이 가상 화폐 거래에 사용되었을 때 그것이 초래할 수 있는 결과와 이해관계자에 미치는 영향에 주목할 필요가 있다.

요컨대 암호 화폐 거래에서 AI 및 ML 사용에 적용할 수 있는 윤리 프레임워크를 구축하는 것이 필요하다. 윤리적 프레임워크를 지속적으로 검토하고 개선함으로써 금융 산업 내에서 윤리적 의사 결정과 책임 있는 혁신을 촉진하는 지침과 모범 사례를 개발하는 데 기여할 수 있다. 시장의 무결성, 투자자 보호 및 암호 화폐 거래의 전반적인 안녕을 보장하기 위해 AI 및 머신러닝의 변혁 잠재력과 윤리적 고려 사항의 균형을 맞추는 것이 중요하다. 암호 화폐 거래에서 AI와 머신러닝에 적용할 수 있는 윤리적 프레임워크는 금융 부문의 의사 결정 및 정책 수립을 안내함으로써 책임감 있고 윤리적인 관행을 장려한다.

암호 화폐 거래에서 AI 및 머신러닝 기술을 책임감 있고 윤리적으로 사용하는 것은 금융 시장 내에서 신뢰, 공정성, 투명성을 유지하는 데 매우 중요하다. AI 시스템의 개발 및 구현에 윤리적 고려 사항을 통합함으로써 금융 산업은 관련 위험을 완화하고 시장 참가자의 이익을 보호하면서 이러한 기술의 잠재력을 극대화할 수 있다. 이러한 윤리적 프레임워크를 활용함으로써 정책 입안자, 규제 기관, 실무자와 같은 이해관계자는 복잡한 윤리적 딜레마를 탐색하고 시장 무결성을 유지하고 투자자를 보호하며 복지를 증진하는 정보에 입각한 결정을 내릴 수 있다.

참고문헌

Algotive(20242.23). The Future of AI: 10 Trends in Artificial Intelligence in 2024. https://www.algotive.ai/blog/the-future-of-ai-10-trends-in-artificial-intelligence-in-2024

Alibašić, H.(2023). Developing an Ethical Framework for Responsible Artificial Intelligence (AI) and Machine Learning (ML) Applications in Cryptocurrency Trading: A Consequentialism Ethics Analysis. *FinTech*, 2(3), 430-443.

GeeksforGeeks(2024.6.5). Ethical Considerations in AI Development. https://www.geeksforgeeks.org/ethical-considerations-in-ai-development/

Thompson, D.(2023.8.1). How Artificial Intelligence is Transforming Digital Currency Regulation and Compliance. TechTimes. https://www.techtimes.com/articles/294534/20230801/how-artificial-intelligence-is-transforming-digital-currency-regulation-and-compliance.htm

Yang, Q., et al.(2022). Fusing Blockchain and AI with Metaverse: A Survey. *Computers and Society*, 1-17.

심양섭

남북사랑학교 대안교육기관 대표. 서울대학교 동양사학과를 졸업하고 연세대학교에서 석사, 성균관대학교에서 정치학 박사학위를 각각 취득했다. 경향신문 편집부와 조선일보 사회·정치부 기자를 역임했다. 미국 시애틀 소재 워싱턴대학교(University of Washington, UW)에서 2001년에는 잭슨스쿨(Henry M. Jackson School of International Studies) 한국학센터(Center for Korea Studies)의 방문학자, 2009년에는 정치학과(Department of Political Science)의 방문학자로 각각 1년간 연수했다. 아주대학교, 이화여자대학교, 숙명여자대학교, 성신여자대학교, 한림대학교, 단국대학교, 가천대학교, 경기대학교, 한국방송통신대학교에서 정치학과 신문방송학을 가르쳤다. 저서로는 『미국 초등학교 확실하게 알고 가자』(2003), 『여자가 기자가 된다』(2008), 『한국의 반미, 대안은 있는가』(2005) 등이 있으며, 옮긴 책으로는 『성공하는 리더십의 조건』(공역, 2012), 『외교 원리와 실제』(2014), 『부패와 개혁의 제도주의 경제학』(2017), 『자본주의』(2017) 등이 있다. KCI(국내학술지인용색인) 등재 논문으로는 "한미 양국 간 시민사회 연결망 구축방안 연구"(2012), "탈북 이주민의 한국 사회 편입양태와 정책적 시사점"(2017), "한국 사회 반다문화 담론의 쟁점과 실제 그리고 대응"(2016), "A Critical Viewpoint of South Korean Anti-Americanism"(2009) 등 모두 15편이 있다.